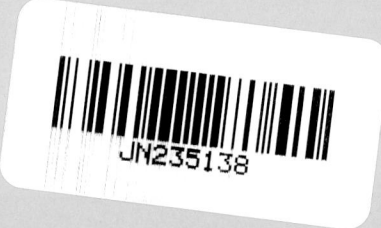

はじめに

私はいつもこう思います。「ゴルフは楽しければいい」と。

ゴルフはスコアが100でも90でも、自分なりの目標を持ち、それに近づくことができたり達成したりすることが楽しいものです。しかし、数十年経っても同じ目標や結果であれば、心のどこかに「これでいいのかな？」という疑問符が出てくるのが本当のところではないでしょうか。

ゴルフを始めた当初は、当たらないボールが少しずつ当たるようになり、本を読んで、レッスンをうけ、練習を繰り返せば、ある程度まではゴルフの上達を楽しめます。しかしそれ以降はどうでしょう？　100の壁、90の壁で立ち止まったままではないでしょうか。そうです。100や90は慣れれば誰でも到達するのです。ゴルフは、そこからが本番なのです。

時間やお金があり、1年の半分をゴルフに費やせる環境で、へたなスイングでも同じ球が打てるのなら、それはそれで結果に結びつくことがあるでしょう。しかし大半の方は社会人になってゴルフを始め、週1回の練習と、月１、２回のラウンドが実状です。これではそれ以上の上達は不可能です。そのうえ、本やレッスンは「プロのようにスイングするため」の完成形を結果論的に並べたものばかりです。

ほかのスポーツでも仕事でも、上達するためには順序があるはずです。たとえば生まれて初めて野球をする大人が、いきなりホームランの打ち方から練習するでしょうか。キャッチボールは遠投から始めますか？ なぜゴルフだけは最初からフルスイングや、遠くへ飛ばすことばかり追求するのでしょう。私はとても不思議に思います。

車の教習所でも正しいことを順序よく教わって、車をしっかりとコントロールできるようになってから、最後に高速走行をします。算数でも足し算、引き算、そして掛け算、割り算など順序よく習うものです。ゴルフも18ホールに転がるさまざまな問題を解いていくには、基本から応用までさまざまな技術が必要です。

私の提唱するクォーター理論では、正しいことを小さなことから順序よく教えていきます。本書では私のアカデミーのレッスンカリキュラムの中から、最低限ゴルフに必要な基本と、正しいスイングを身につけるための練習法を紹介します。

さあ、何十年も同じ問題を間違えていてはいけません。目の前の壁を乗り越えるため、もう一度初心に戻ってやってみませんか。あなたならきっと達成できます。そうすれば、もっとゴルフが楽しくなるに違いありません。

Contents

クォーター理論とは

Theory of Quarter-circle

４分の１の動きがカギ

「クォーター理論」は、僕のゴルフ理論を体系づけたもので、「クォーターの動きこそがゴルフの要だ」という考え方に基づいています。

クォーターとは、４分の１を意味する言葉です。右下図のように360度の真円で説明するとすれば半円（ハーフ）をさらに半分にした部分（四分円）を指します。これは何か物を叩くとき——たとえば、太鼓のばちや布団たたきの棒、金づちなど——道具を使ってその仕事を成し遂げるのに重要な動きをしている範囲です。布団を叩くときにハーフスイング、あるいはフルスイングをする人はいません。４分の１の動きさえ、正しくしていれば、力がなくても、誰にでも、布団のほこりを叩き出すことができますよね。釘を打つときに、大振りをすればコントロールが難しくなるだけで、正しく打ち込めません。人は道具を使うときに、自然にそういった動き、つまり「最小の力で最大の効果を生む動き」をしているのです。

ゴルフのスイングも同じだと僕は考えています。インパクト前の４分の１の部分に注目し、最大の効果を生む動きを“道具に”してもらうべきだと思っています。そのために、正しい道具の使い方を知ることが、上達への近道なのではないでしょうか。

従来の解説が誤解のもと

クォーターの動きは、日頃みなさんがやっていることなので、そんなに難しいことではないはずです。ところが、ゴルフの道具であるクラブを持った途端、多くのゴルファーは４分の１以外の仕事を一生懸命、“道具に”ではなく、“自分自身で”やろうとしてしまいます。それはなぜでしょう。

みなさんには、「トップからダウンスイングで体重移動をし、右ひじを引きつけてコックを長く保ち、手を使わずにボディターンをして、フォローで大きく振る」という、一般ゴルファーには向かない教えが染みついてしまっているからです。これでは、ゴルフでもっとも重要な部分＝クォーター部分がそっくり抜けていて、道具に何も仕事をさせていません。それどころか、体の使い方も間違っているために、道具に間違った動きを加えてしまい、その結果、ダフりやスライスなどの症状を生み出しているのです。

僕は、それがみなさんのせいだとは思えないのです。むしろ、みなさんは良い生徒なのかもしれません。もしかしたら、自分のレベルに合っていない指導をするレッスン書を読んでしまったか、みなさんに合っていない指導法を忠実に再現してようとしいるだけな

桑田泉（プロゴルファー／ダブルイーグル代表）

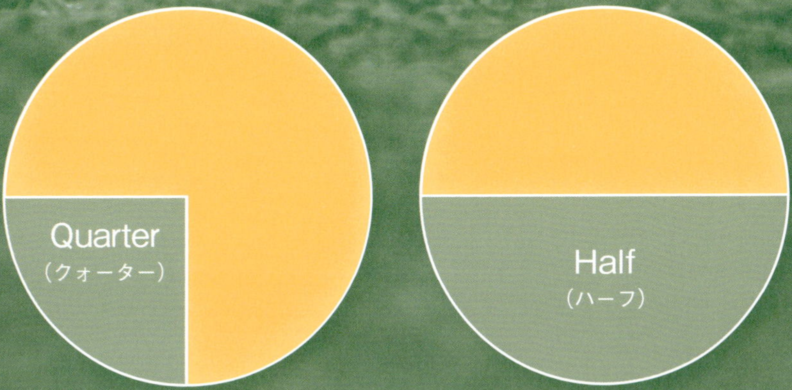

のではないかと疑っているのです。プロゴルファーが打った素晴らしいショットの連続写真を並べ、「このように体重を移動させ…」といったような解説を多く見ますが、あれは誤解を生むもとです。スイングは、始動から1.5秒前後の一瞬の動きです。プロは、「体重移動をしてグリップエンドを引きつけて…」などと考えながら打ったりはしていません。コースの状況に合わせてショットしているだけです。スイングは連続した動作です。スイングの途中を無理やり切り取った写真をあとから分析しても意味がないのです。レッスン書などでスイングをイメージすると、一般的にスローな動き、もしくは止まった状態で考えてしまいがちです。止まった状態から作ったスイングのイメージでは良い結果にはつながりません。良い結果を生み出すには連続した動きで作られたイメージを持つことが大切です。

また、これまでのレッスン書には、インパクト前の４分の１（クォーター）部分の解説がありません。もっともヘッドスピードの速い部分なので、写真に写らないためです。いちばん大切な動きをしている部分なのに、なぜそこを無視してスイング指導などと言えるのでしょうか。僕はずっと疑問に思ってきました。

「何年も練習をしてきたのに上手くならない」「レッスンに通ったのに結果が出ない」というゴルファーは多いことでしょう。それはひょっとして、イメージが間違っているのでは…と思ったことはありませんか？　誤ったイメージのまま、せっせと無駄な練習に時間を費やして、悪いクセを身につけてきた可能性がないとはいえないのです。

行き詰まったら、逆転の発想を

僕がゴルフを始めたのは24歳のときです。長年野球をやってきたので、体の使い方やボール回転の理屈は、自然に身についていたと思います。上達は早く、本格的にゴルフを始めて１年でハンディキャップ１になりました。そんな僕でもアプローチは大の苦手で、一時はアプローチ・イップスになったほどです。僕の悪い状況を見かねた大勢の人が、いろいろなアドバイスをくれました。しかし、どれもしっくりこず、結果に結びつきませんでした。僕はますます悩みました。皆が良いとすることをやっても失敗するのですから。ある日、「いっそのこと、ダフってやれ！」と半ばやけになって打ってみたら、ボールが思い通りに飛んでいきました。何度ダフっても思い通りの球が打てます。そう、意識的に逆のことをやった結果、うまくいったのです。それが僕の「逆転の発想」の始まりです。

こんなこともありました。練習場で、何百球とまっすぐ打つ練習をしていた

クォーター理論とは

Theory of Quarter-circle

ところ、有名なアメリカ人プロが近づいてきて、こう言いました。「曲げて打つ練習をしたら？」と。僕は耳を疑いました。それまで、「こうやったらまっすぐ打てる」と助言する人はいましたが、「曲げろ」などと言う人はいなかったからです。

意地っ張りな僕は、その助言をすぐに受け入れることができませんでした。しかし、数カ月後にふと彼の言葉が思い浮かび、半信半疑のまま試してみました。そして、ハッとしました。左右に打ち分けてみて初めて、まっすぐ打つための方法が明確にわかったのです。

その後、僕はこれまで「ゴルフの常識」と考えられていたことを一から見直すことにしました。するとどうでしょう。今まで「良し」とされてきたことが、必ずしも結果に結びつく理論だとは限らない、ということがわかってきたのです。

すべては小さな動きから始まる

僕自身ゴルフを始めたのが遅く、失敗を重ねてきたからこそ、多くのゴルファーの悩みを理解することができます。プロと一般のゴルファーの練習量、始めた年齢、環境、体力、技量、考え方の違いや差がわかるので、僕はプロに教えるような指導を一般のゴルファーにはしません。

そのレッスン法を体系化したものが、クォーター理論です。「ボールを見るな！」「ダフれ！」「手打ちしろ！」など、これまでのレッスン書には書かれていない言葉に驚く方もいるかもしれませんが、それは“結果が良くなるためのイメージ”です。

キャッチボールから野球を始めるように、ゴルフも基本を体得していなければ、上達しません。クォーター理論では、基礎から順に説明します。小さい動きで正しい動きを知り、4分の1以上の大きな動き（ハーフスイングやフルスイング)へと移行していきます。

スコアの40%はパット、20%はアプローチが占めています。ということは、ゴルフの60%はショートゲームです。ショートゲームが上達すれば、スコアが良くなります。だから僕はパターからレッスンをするのです。パットやアプローチはフルスイングの土台になる部分で、ゴルフの答えが含まれています。この答えを知らない限り、何年やっても上達は望めません。今からでも遅くはありません。小さなことから正しく、順序よく習得すれば、誰でも自分次第で変われるはずです。なにしろ、ボールは止まっているのですから。

ぜひ、これまでの概念にとらわれず、正しいスイングの基礎を徹底して覚えてください。クォーター部分の動きをしっかり覚えれば、ゴルフはもっとやさしく、そして楽しくなることでしょう。

第1章●パットの極意

Putting

クォーター理論では、パターからレッスンします。何事でも小さなことからゆっくり始め、だんだんと難易度のレベルを上げていきますよね。自動車の運転でも、いきなり急発進や高速走行をすれば事故のもと。ゆっくり近距離の運転で自信をつけ、車をコントロールできるようになってから、スピードを上げて遠くへ出かけられるようになるのです。

実は、スコアの40%前後はパター数なんです。この確率はプロも素人もほとんど同じです。40%はとても大きなパーセンテージです。それなのに、どうしてみなさんはパターの練習をあまりしないのでしょうか。パターには、大事な答えが詰まっています。スイング全体の円からすれば一部分となる、ほんの小さな動きですが、一番重要な部分。基本中の基本を、最初に正しく覚え、練習しましょう。

スコアの40%はパター

スコア	パット数
100	40
95	38
90	36
85	34
80	32
75	30

「ボールを見るな!」の真相

The truth of theory

よく皆さんが注意をうける「ヘッドアップ」。これは頭ではわかっているけれど、なかなか直らないものですね。ヘッドアップする原因は、実は「ボールをよく見る」からです。たとえば、ヘッドアップした時、なんと言われますか?「ヘッドアップしているから、プロのようにボールをよく見ろ!」ですよね。

よく考えてみてください。次ページの写真のようにボールを最後まで目で追えば、当然ヘッドアップしませんか? そうです、アドバイスの言葉にも問題があるのです。プロのパッティングを見ればわかるはず。打った後、ボールを追いかけるようには見ていません。もちろん、ボールがあった所の地面を見ているわけでもないです。実は「ボールを見ていない」のです。

たとえば、野球のバッターでもインパクトでボールを“よく見て”はいません。インパクトでボールをよく見ていると体が止まったりして、うまく次の動作につながりません。野球のうまい人にとってインパクトは通過点。スイング中はブワーンと全体を見ています。これはゴルフも同じ。パットの時に最後までボールをよく見るからヘッドアップするのです。

クォーター理論の「ボールを見るな!」はスイングのバランスをとるためのアドバイス。ボールは、ただ視界に映っているだけで、決して凝視してはいません。だからヘッドアップしないのです。

ボールを見ないほうが、
かえってヘッドは残る

最後までボールを見ると
ヘッドアップする

視界にボールがぼんやり入っているイメージ

やり直しドリル

No1 ショートパット

レッスンの内容
1. GAP3
2. 振り方1（手首を使わない）
3. 振り方2（インサイド・イン）
4. 振り方3（振り幅は1：2）
5. 練習法

「まっすぐ引いて、まっすぐ出す」は大間違い!! インサイド・インでまっすぐ転がる

ショートパットは、球技の原則を知り、正しいストロークをするという、いわばゴルフの答えともいえるもので成り立っています。正確にパッティングするには、まずは正しくグリップ。次に、しっかり握って支点を1カ所にします。そして、手首を使わずに1カ所にした支点（肩）でストロークすると、パットはブレません。ここでは「正しいGAP3→下半身はどっしりとして動かない→肩だけでストローク→振り終わってから見る」の順番を覚えましょう。ストロークにおいて「まっすぐ引いて、まっすぐ出す」という通説は間違いです。パターの軌道とボールの行方の関係を考えれば、一目瞭然。そもそも球技には単純な直線運動などありません。まっすぐ転がすコツをつかむには、1m先のカップに対してフォローの動きだけで打つ練習を行います。この方法で打つと、ボールが順回転します。パターを左に打ち出してもボールがまっすぐ順回転することを覚えてから、バックスイングをし、徐々に距離を伸ばしましょう。

LESSON1 GAP3

パターのグリップ、アドレス、ボールポジション

★GAP3とは
GはGrip、AはAddress、
Pは（Ball）Positionの頭文字

パターは手首を使わず肩でストロークするので、他のクラブと違い、なるべく手のひらで握って手首を固定させる。初めは手を離すと手のひらが白くなるくらい、しっかり握る。慣れてくれば自然に程よい加減で握れるようになる。

正しいG（グリップ）の仕方

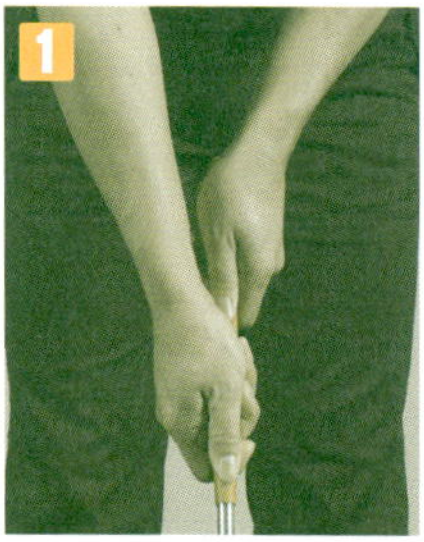

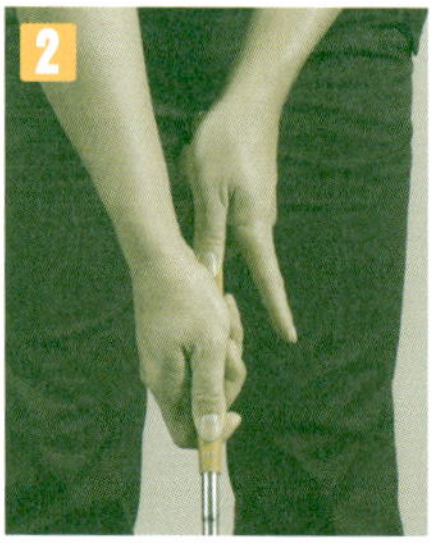

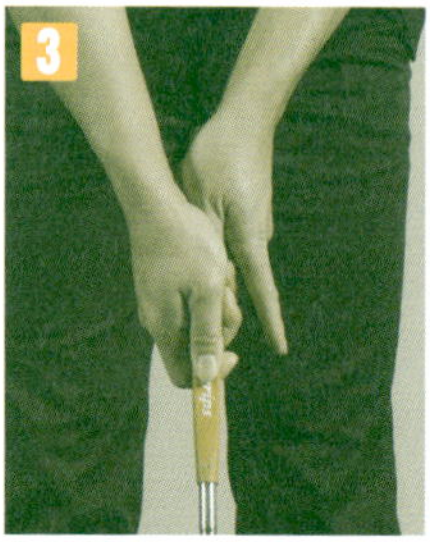

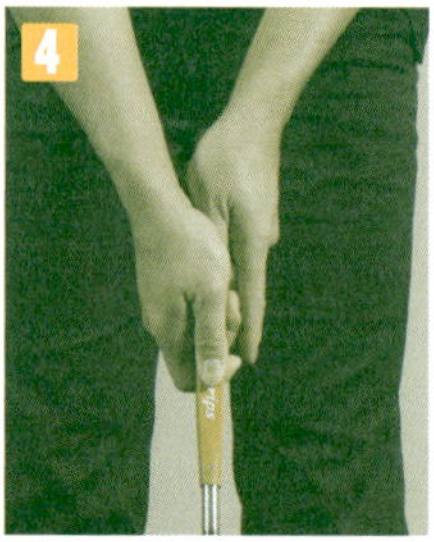

1 パターグリップの平らな面に左手、右手の順に親指2本を縦にまっすぐ置く。

2 3 左手の人差し指を浮かし、右手を滑らせて両手の間隔をつめる。

4 左手の人差し指で全体をロックする。

正しいP（ボールポジション）

CHECK2

パターヘッドは鼻の真下の位置

CHECK1

ボールポジションは、左目の下から落としたボールがちょうど当たる位置がベスト。体型などで誤差もあるが、図で示したボール3つ分の位置ならばボールポジションの許容範囲となる。

常識の誤解

体重を足首にかけた悪い例。重心が後ろにあり、手を自然に下ろした状態では体に当たってしまうため、自分でクラブを前に突き出している。これではスイングが安定しない。

正しいA（アドレス）の仕方

前方からのアングル

1 肩幅くらいにスタンスを広げる。

2 クラブで足の付け根を押し、おしりを突き出す。

3 軽くひざを曲げ、前傾する。

正面からのアングル

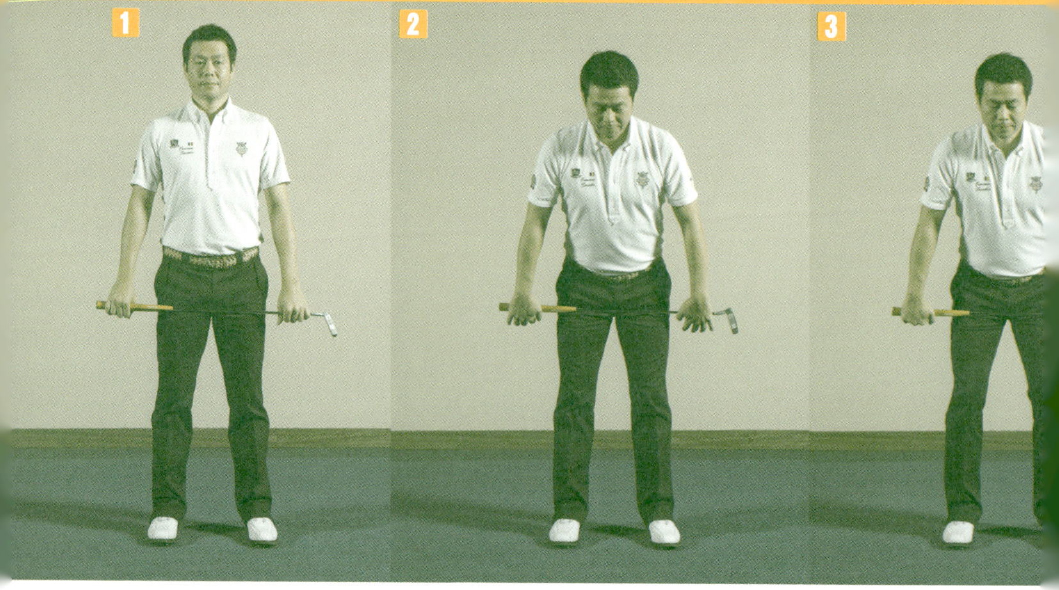

4 そのまま肩から手をぶらんと下げ

5 両手を合わせて先ほど14ページで説明したグリップでクラブを握る。

LESSON 2

振り方1

下半身は振り終わるまで動かさない。手首を使わず、肩だけでストローク

手を自然に下ろした状態でグリップすれば、両肩とグリップを結んだラインは三角形もしくは、ごく軽くひじの曲がった五角形となる。

正しいGAP３をセットしたら、手首は使わず、肩だけでストロークする。必ず１つの支点（首の付け根）で振ること。下半身は絶対に動かさない。

常識の誤解

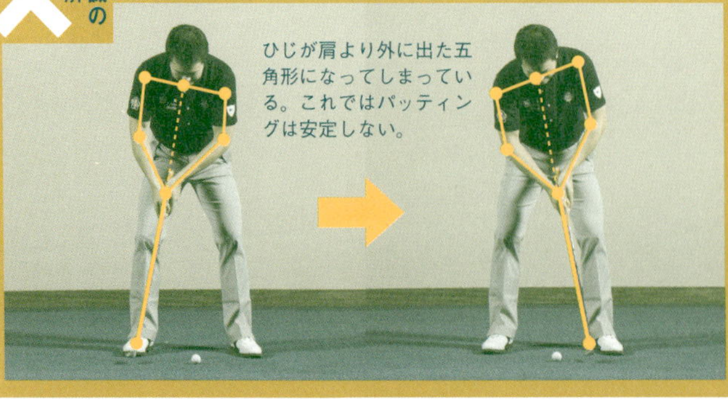

ひじが肩より外に出た五角形になってしまっている。これではパッティングは安定しない。

しっかり握らないと肩と手首に2つの支点ができて軌道がブレてしまう。また、まっすぐ打ち出そうとして下半身が横に揺れる人がいるが、それでは安定した正しいインパクトはできない。

LESSON3

振り方2

「まっすぐ引いて、まっすぐ出す」は大間違い。軌道はややインサイド・イン

<まっすぐ引いて、まっすぐ出そうとした時の動き>

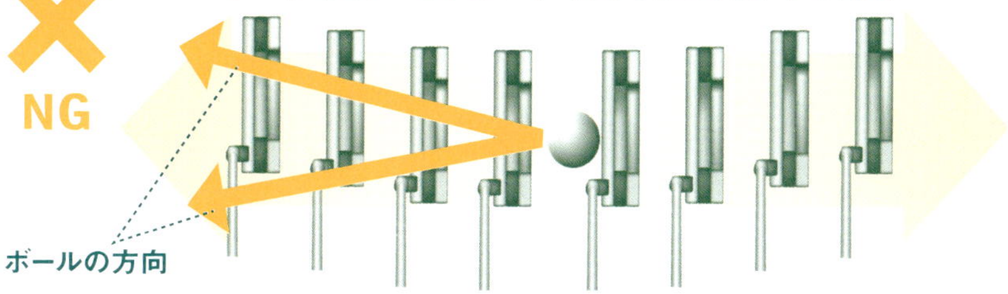

まっすぐ引いて、まっすぐ出そうというイメージ（大きな矢印）でストロークすると、実際のパターヘッドの動きはアウトサイド・アウトになってボールを押し出してしまう。

<インサイド・インでストロークした時の動き>

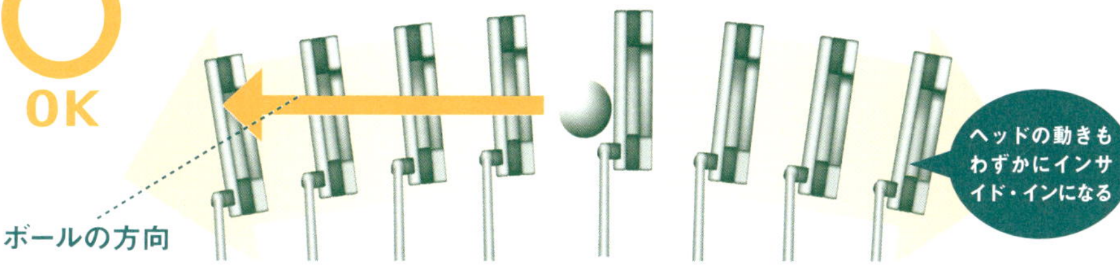

支点を中心に円を描くようにクラブを振っていても、インパクト時にヘッドがフラットであれば、ボールはまっすぐ転がる。野球やテニスも同じで、球技は腕や道具が背骨や肩を支点に円を描いてボールを操作している。つまり、球技のまっすぐは、ストレートではなく、支点（軸）に対して円を描くように回転することだ。「目標に向かってまっすぐ引いて、まっすぐ出す」「ストレートに振れ」と教えられることが多いが、それは不自然な動きで、軸をずらさなければ振れない。パターにもライ角があるので、ややインサイド・インになるのが正解だ。

常識の誤解

まっすぐ引いてまっすぐ出すのは、球技の原則から外れている。軌道が安定せず、距離感も出しにくい。このイメージでストロークしようとするからこそ、支点の位置も横移動してしまい、いわゆる“オッチャン”スイングになってしまう。

LESSON4

振り方3

素振りのイメージは1:2

素振りは1：1ではなく、バックスイング1に対し、フォローは2のイメージで行おう。1：2のイメージで振れば、実際にはボールとの関係が1：1くらいほどになる。こうすればバックスイングされたヘッドとボールまでの距離が短く、ヘッドが正しく戻りやすい。また、インパクトが緩まず、一定になるため、距離感も安定する。

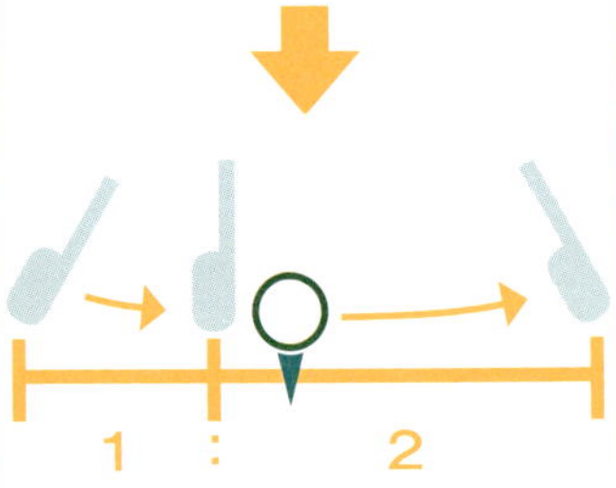

ボールを基準にした1：1の距離とはヘッドの位置を基準に考えるとほぼ1：2の関係となる。

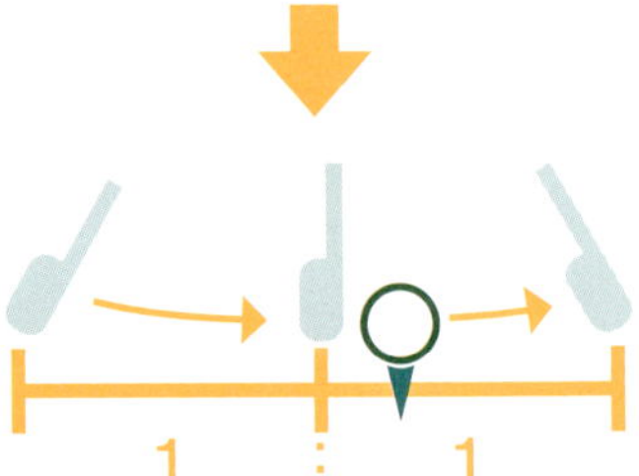

これを錯覚して、ヘッドを基準に1：1でスイングするとバックスイングのほうが大きくなってしまう。

常識の誤解

自分のクラブを中心に1：1で振ると、ヘッドがある分ボールからは1：1にはならず、フォローが小さくなってしまう。バックスイングのほうが大きいと、ヘッドとボールまでの距離が長くなり、戻ってくるまでに狂いやすい。また、インパクトを緩めたり強めたりして距離が合わずミスを生み出す。

EXERCISE 1

フォローだけで、1mのパットを10球連続で入れる

❶ボールを３つ用意し、カップから１mあたりに置く。
❷アドレスからバックスイングせず、フォローだけで３つとも入れたらボールを拾い、また３つ置く。
❸最後は仕上げの１球。プレッシャーを感じながら、10球すべて入ったら終了。途中でミスしたら最初からやり直す。

※できれば上りのストレートラインを探してやるとよい

EXERCISE2

1.8mのパットを10球連続で入れる

1．8mのパットをEXERCISE1と同様に10球連続で入れる。今度はフォローに対する反動程度にバックスイングを加えるイメージで。1：2の振り幅で加速減速せず、インパクトは通過点となるように正しいストロークで振ろう。

EXERCISE3

壁に頭をつけてストローク

ややインサイド・インとなる軌道を習慣づけるための練習法。頭を壁につけ、肩だけでストロークする。頭が動かないので軸がズレず、自然にインサイド・インになる。やればやるだけ正しい軌道が身につく。これまでアウトサイドアウトに振っていた悪いクセも直る。

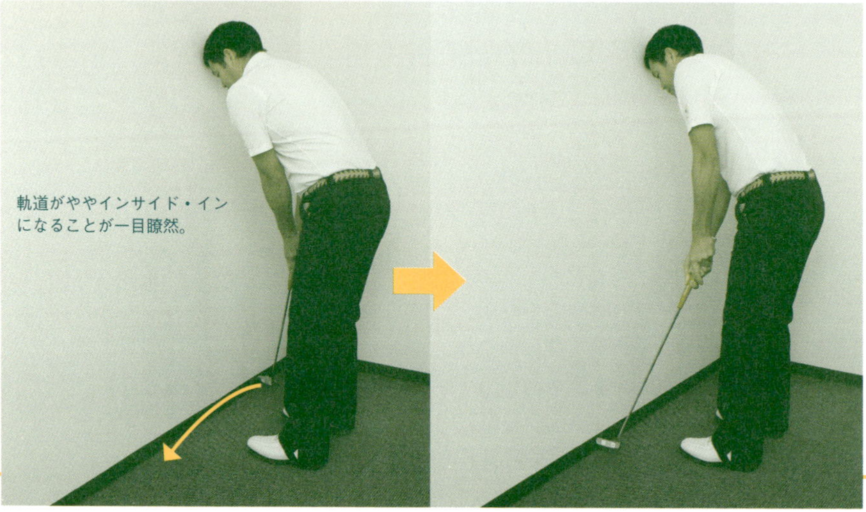

軌道がややインサイド・インになることが一目瞭然。

SPECIAL EXERCISE

道具を利用して

徐々に先が細くなっているレール状の道具「The Rail」を使って練習。このレール上からボールが落ちないようにパッティング。正しいストロークをしないとカップに入らない。プロも使用するだけあって、見かけ以上に難しい。

※「The Rail」は市販品です。

桑田流はこれだ!

メンタル面を鍛えるトレーニング

ショートパットを10球連続で入れる練習のとき、僕は10球目で「ラスト!」と声をかけます。すると、多くの生徒さんは最後の1球を外してしまいます。それまでは習った通り左に振って9球連続で入れてきたのに、なぜか「ラスト!」の声を聞くと、「失敗したくない」「成功したい」「入れたい」「外したくない」と思い、元のイメージに戻って「まっすぐ引いて、まっすぐ打とう」という人がいるのです。「ラスト」と言われても、「さっきと同じことやれば入る」と考えればいいのに、それができないのです。プロは、1.8mのパット練習を100球連続で入るまで毎日練習します。外したら0からやり直しですから、99球成功するのに長時間かかり、99球までいったら、もっと「外したくない」という心理が働きますね。試合のシーンと同じ状況です。これが、コースでの大事なパットの心理ということです。この練習は、技術だけでなくメンタルを鍛え、プレッシャーを克服する訓練にもなるのです。

No2 ロングパット

レッスンの内容
1. 距離感のつかみ方
2. 振り幅の変化
3. 練習法

目標に向かって打つのではなく、目標に止める感覚を養う

ロングパットが上達するコツは、距離感を養うことです。まずは手でボールを転がして、カップのあたりで止める感覚を鍛えることから始めましょう。クォーター理論では２パットが基本。長い距離も１打目でカップに近づけられれば、短いショートパットが残るだけです。

また、パターの距離は、けっしてスピードやインパクトの力でコントロールするものではありません。振り幅を変えれば距離が変わることを覚えてください。

ボールの後ろに立ち、ボール越しにカップを見ながら連続素振りをし、距離感とスイング幅を合わせる。振り幅をつかんだらラインに対して構え、ボールの横で予行練習で素振りをして打つ。そうすれば、それほど大きく距離感が狂うことはない。

LESSON1 距離感のつかみ方

カップを見ながら、ボールを視界の下に入れてストローク

× 常識の誤解

目標を正面から見て距離をつかむのは日常生活では当たり前。写真のようにアドレスに入った後で、下を向いたまま素振りをしても距離感はつかみにくい。

人は物を投げるとき、目標に正対して、その目標を見ながら投げるもの。その際に、いちいち素振りをすることはないはず。人間の感覚は相手（目標）が遠ざかれば、自然に振り幅を変えて投げられる能力を備えている。

EXERCISE 1

手でボールを投げて目標付近に止める

クラブを持たず、ボールを手で投げて目標付近に止める。手で投げると、自然に目標（カップ）より手前に落とそうとする。その意識を忘れないように。

カップを直接ではなく、ボールを転がしてよせる意識を再確認する。

EXERCISE 2

直径2m（半径1m）の円の中に入れる

一度でカップによせるのではなく、まずはカップ周囲2mの円の中に入れればよいと考えれば、プレッシャーも少なく力まず打てる。2m以内に収まれば、残りは最長1mのショートパット。先のドリルで1mのショートパットを練習してあれば労せず、2パットで終わる。難しいラインや距離が長いときは1パットではなく、「2パットでOK」という気持ちになったほうが、無駄な動きがなくなる。

EXERCISE 3

目標を超えて 1ヤード以内に止める

パットをカップを越えた1ヤード以内に止める練習。両サイドから往復することで、順目・逆目・上り・下り・フック・スライスのラインをまとめて練習することができる。どんなにいいラインでも、カップに届かなければ、入る確率はゼロ。カップに届く距離、超えても1ヤード以内の距離に収める感覚を養おう。1ヤード以内に残った球は、ショートパットの練習ができていれば、確実に2パットで収まるはずだ。最後の10球目は「これで最後」というプレッシャーをかけて。ティーを使って仮想カップを設定すれば、練習グリーンの片隅などを利用して練習可能。

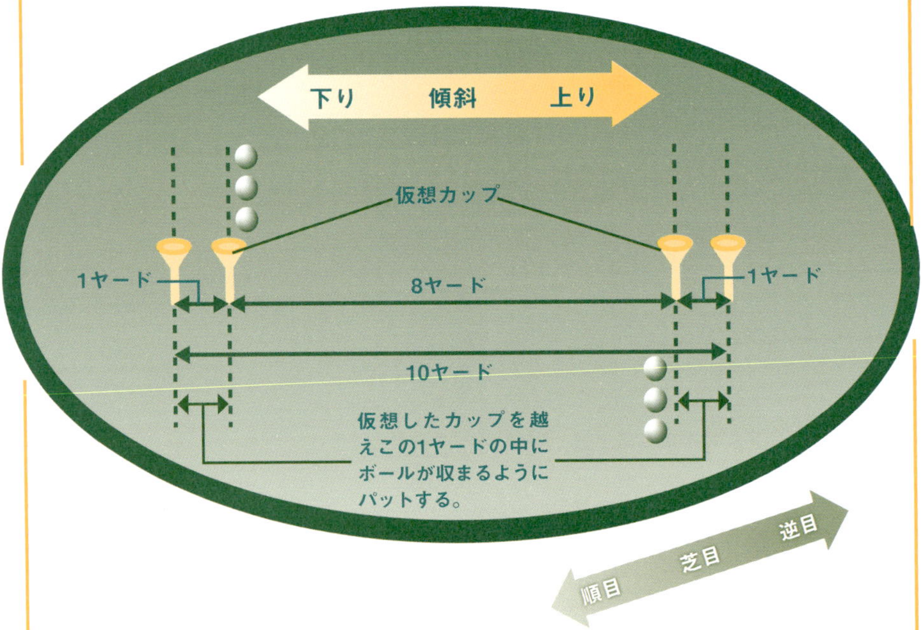

❶全長10ヤードほどの距離の両端にティーを刺す。
❷その内側1ヤードずつの位置にもティーを刺し、仮想カップとする（仮想カップ間は8ヤード）。
❸片方の仮想カップの横にボールを3つ用意、反対側のティーとティーの間に収まるように順番に3球打つ。
❹3球打ったら反対側の仮想カップ横にボールを3つ置き、同様に打つ。
❺❸❹を繰り返し、10球。10球目まで、すべて範囲内に止まれば終了。途中で外せば1からやり直し。

COLUMN 1

スコアカードの使い方

HOLE	1	2	3	4	5	6
FRONT	355	372	434	137	477	149
PAR	4	4	4	3	5	3
HCP	11	⑦	③	17	①	15
SCORE	5	5	6	4	6	4
PUTT	2	1	2	2	2	2

スコアだけを書くのがスコアカードではありません。コースをどのように攻略するか、役立てるように使ったほうがいいと思いませんか。

たとえばハンデキャップが27の人、つまり「今日の目標は100切りの99です」という人。その人は、1ラウンド27オーバーでいいので、まず、全ホールがボギーでもスコアに余裕があることを理解してください。次にハンデキャップが書いてある数字の１〜９の数字に○をつけてみましょう。「○をしたところだけダボ（ダブルボギー）でいい」という印です。「400ヤード/パー４HC3のホールは長いけれど、ダボでクリア」と考えれば、４オン２パットでいいのです。100ヤードずつ４回打ったら、絶対グリーンにはのりますよね。100ヤード打つつもりなら、OBもしないし、グリーン上も２パットでいいんです。全ホール、ボギーかダボしかないんです。

「120ヤード/パー３もボギーでいい」となると、２オン２パットの計算ですよ。つまり、60ヤードを２回打てばOKなんです。あるいは120ヤードのクラブを持って気楽にゆっくり振ればいい。それなら、もしかしてグリーンにものるかもしれません。ほら、バーディーかパーになる可能性が出てきたと思いませんか？

No3 ブレイクライン

レッスンの内容
❶ラインの読み方
❷イメージ
❸練習法

ボールを曲げるのは傾斜と芝目。自分はただ、まっすぐ打つだけ

ドライバーやアイアンを使ったショットはボールが空中に浮くため、打ち方を変えて、自分で曲げます。これに対し、パターは、自分の打ち方は曲げず、つねにまっすぐ打つだけです。自分で曲げようとしてはいけません。傾斜と芝目が作用するため、結果としてボールが曲がるのです。

多くのアマチュアゴルファーは、カップを意識しすぎて、早めに曲がる打ち方をしています。たとえば、フックだと読んで打つのですが、カップより手前で左に曲がり出し、どんどんカップから離れていく外し方をします。これをアマチュアラインといいます。仮想カップを想定し、そこに向けてまっすぐ打てば、傾斜と芝目によってボールは曲がり、本カップに入ります。

先のドリルでも行いましたが練習グリーンでは、順目・逆目・上り・下り・フック・スライスの全パターンをつねに練習しましょう。いろいろな方向から打っていると、「あれ? オレは順目が入っていないなぁ」「上りのラインはばっちりだ」など、自分の得意・不得意や、その日の調子がわかってきます。その直し方もあるのですが、上級者向けなので本書では紹介しません。まずは、ブレイクラインの基本的な考え方を身につけるようにしてください。

LESSON1
ラインの読み方とイメージ

ボールがどの位置にあっても本カップは1つ。狙うべき仮想カップも一カ所。そこにまっすぐ止まるイメージで打てば、本カップに近づく

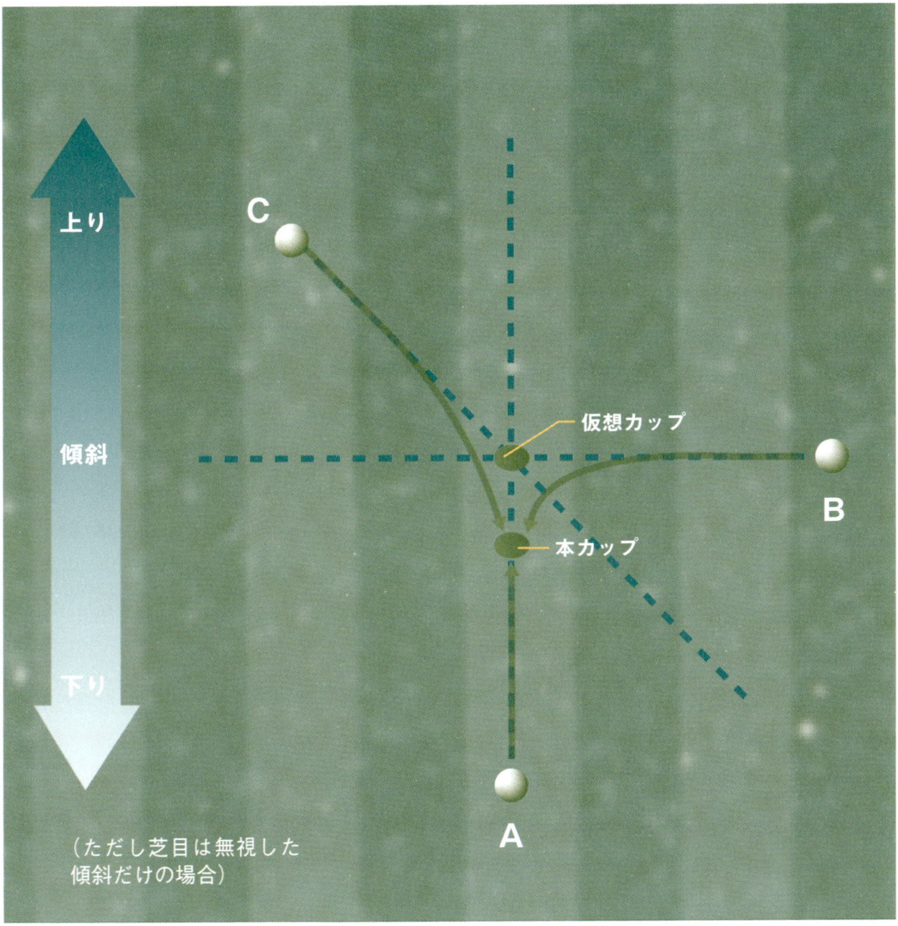

上の図で、Aの位置にボールがある場合、まっすぐ上りの傾斜なので、ボールが止まる量を考えて本カップの向こうに仮想カップを設定。そこを狙ってますぐ打つと、傾斜によってボールの距離が伸びず、手前の本カップに入る。ボール位置がBの場合でも、実は設定する仮想カップはAの場合と同じ位置。同じ仮想カップに打てば傾斜によってフックし、本カップに入る。Cの場合は下りの傾斜。しかし、これも同じ仮想カップで止まるように打てば、傾斜によって球がスライスし、本カップに入る。これ以外の場所でも同様。グリーン上の1つのカップに対しては、ボールの場所は違っても仮想カップの位置があちこち変わることはない。1つの本カップに対して、仮想カップは1つ。ストローク前には仮想カップをイメージし、それに対して素振りをしてからアドレスに入って打つとよい。

EXERCISE1
ブレイクライン❶

カップ周りを１周するようにボール位置を変え、上り・下り・順目・逆目・フック・スライスの全ラインを練習。すべてのボールに対し狙うのは、１つの仮想カップでよいことを体感しよう。コースに行ったら練習グリーンでぜひやっておきたい練習だ。

❶ボールを３つ用意し、カップから１mの位置にそれぞれを離して置く。
❷仮想カップをイメージしながら、手前から順に３球すべて入れる。
❸３球すべて入ったらボールを拾い、その先の円周１mあたりに３球置いて打つ。
❹10球でカップを中心にぐるりと１周するように打ち、10球すべて入ったら終了。途中でミスしたら最初からやり直す。

EXERCISE2
ブレイクライン❷

EXERCISE１と同様の方法で、１.８mのパットを10球連続で入れる。10球目には「これで最後」という意識をもって。

COLUMN 2

パターはゴルフの基本中の基本。練習で自分を追い込み、コースでラクしましょう

本来ストレートに打ち出したボールがグリーンの傾斜や芝目の影響を受け、曲がっていく軌道をブレイクラインといいます。このブレイクラインを読み切ってパットを決めるというのがゴルフの大事なところで、一番おもしろいところなんです。だからプロは、パット練習を大事にしています。パット練習の模様がテレビにあまり映らないのは、映像として地味だからです。目の覚めるようなドライバーショットのほうが、動きも大きくて派手に見えますよね。でも、実はプロは、毎日何時間もパット練習をしています。それなのに、アマチュアのみなさんはパット練習をあまりしません。1ラウンドを70台でまわる人は、３ホールに１回は１パットで決めています。基本的に1ホール何パットであればバーディをとれるかわかりますか？ 答えは1パットです（※）。では、パーオンできずに、アプローチでグリーンにのせました。何パットならパーがとれるでしょう。これも1パットです。そう、1パットでなければバーディも寄せワンのパーもとれないのです。どんなロングヒッターでも、上手にアプローチしても、２パットしたらスコアは一緒。練習で自分を追い込んでおけば、試合でラクできます。パットがおもしろいように入れば、ゴルフはぐっと楽しくなりますよ。

※パー５で２オン２パットのバーディなどは別

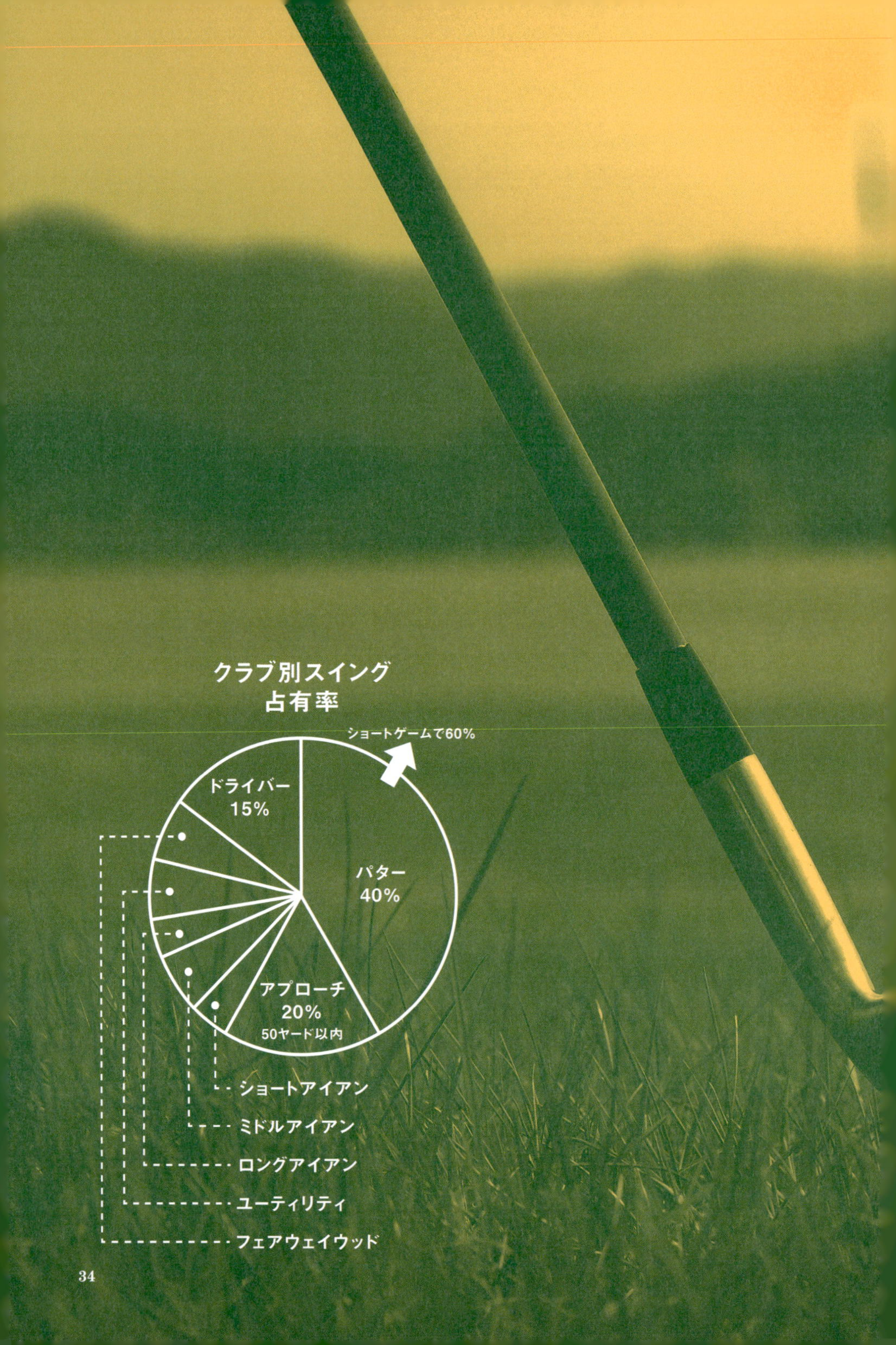
クラブ別スイング
占有率
ショートゲームで60%
ドライバー
15%
パター
40%
アプローチ
20%
50ヤード以内
ショートアイアン
ミドルアイアン
ロングアイアン
ユーティリティ
フェアウェイウッド

第2章●アプローチの極意

Approach

アプローチはパターに次いで、全ショット数の20~30%を占める重要な要素。パターとアプローチのショートゲームだけで全体の約60%にもなります。それなのに、アマチュアゴルファーの多くは「もっと飛ばしたい」とドライバーや7番アイアンのフルスイングにばかり注目し、アプローチ練習はおろそかです。どうしてアプローチを練習しないのでしょうか? ゴルフはまっすぐ遠くにボールを飛ばせる人がうまいのではなく、いかに少ない打数でホールアウトするかが勝負であるにもかかわらず…。

ゲームのカギを握るアプローチにはいくつか種類がありますが、ここでは、グリーン周辺から30ヤード前後の、比較的グリーンに近い距離のアプローチ法をレッスンします。コースの大半を占める傾斜の攻略法も、さらにはフルスイングの骨組となる要素も学びます。

ショートゲームのうまい人で、スコアの悪い人はいません。パターの次に重要なアプローチを習得すれば、ショートゲームがラクになり、スコアアップすること請け合いです。

「ダフれ!」の真相

The truth of theory

パターやドライバーは地面からクラブを浮かせて振れば芯に当たりますが、それ以外はクラブを地面につけなければ芯に当たりません。つまり、ダフるイメージでクラブを地面をこすってこそ、インパクトのときに芯に当たります。

「アプローチは苦手だから、8番アイアンで転がすんだよ」と、すべてが転がし専門のショットになっていませんか? トップやダフりなどの失敗をするのは、打つ前のイメージが原因です。あなたはボールを直接打とうとしていませんか? 雑誌などによく「ボールの赤道の下にリーディングエッジを入れて」と書いてありますが、その通りにやろうとすると、上からカツンと打ってトップしてしまいます。もしくは、直接打とうとした結果、顔や手が前に出てヘッドが遅れ、リーディングエッジが地面につっかかってダフりとなるのです。

ボールが芯に当たったときには、バンスはすでに着地しているはずです。地面を滑らせためにソールがあるのですから、恐れることなくダフればいいのです。「ボールを直接」打つとは、ボールを「“クラブに”直接」ではなく、「“芯”に直接」当てるという意味なのです。

ダフるイメージで振る結果、クラブの芯に直接当たったクラブ

クラブで直接打つイメージでは、クラブのリーディングエッジが
ボールに当たってしまい、トップやダフりの原因になる

No4 パットアプローチ

レッスンの内容
❶振り方（フェイスの向き）
❷クラブ変化による
キャリー&ランの比率
❸練習法

ロフトがボールを上げてくれるので、パター同様にストロークするだけ

グリーン外からパターを使って転がして寄せたい状況のとき、ライン上に長い芝や傾斜など障害物があると、その芝や傾斜に食われて思ったように転がりません。そんなときにはサンドウェッジやピッチングウェッジなどロフトのついたクラブで打ちます。クラブは変えてもパターと同じグリップ、アドレスでOK。ただしクラブのヒールを少し浮かせたまま構えるのがポイントです。そして、パター同様、肩だけで、転がすつもりでストロークします。これらのクラブにはロフトがあるので、ボールが手前の障害物を越えて落ちてから、パターの時のように転がります。この技術はパットとアプローチの中間なので、パットアプローチと呼びます。このとき、ロフトが立ったクラブほど、ボールが落ちてからのランが伸びることがわかります。グリーン近くにボールがあってピンが奥の場合、直接ピンそばに落として止めようとすると、高度な技術が必要です。むしろこの打ち方で、近くに落としてグリーン上を長く転がすほうがはるかに安全です。

LESSON 1 振り方

パターと同じ振り方で、「ダフれ!」

❶パター同様のグリップ、アドレス（P.14-15参照）で、ボールは体の中心に。
❷手首を使わず、肩だけでストローク。
❸落とし所を見て素振り。このとき下の図のようにボールの下にお札を敷いた状態をイメージし、そのお札ごとさらう気持ちで地面をこするのがポイント。
❹❸の素振りでつかんだスイングイメージ通りに打つ。

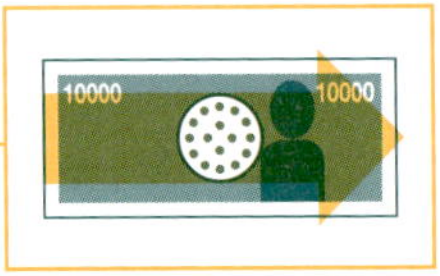

LESSON 2 フェイスの向き

ヒールを浮かし、フェイスをやや閉じる

パットアプローチはパターと同じようにグリップするので、シャフトを少し吊るして持った恰好になり、クラブのヒール側が浮く。すると芝とクラブの接地面が少なくなるのでダフっても抜けやすくなる。便利なショットだが、ひとつ注意しなければならないことがある。それは、「ヒールを浮かした分だけフェイス面が右を向く」ということ。そのまま打つとボールが右へ出るので、フェイスを少し閉じるのを忘れずに。

CHECK1
ヒールを浮かすとフェイス面は右に向くので、少しフェイスを閉じて打つようにする
少しフェイスを閉じて打つようにする
CHECK2
ロフトによって閉じ加減は変化するので注意

もうひとつ、大事な点がある。パットアプローチは、「芯を外して打つ」ということ。芯の真ん中で打つと、ボールは勢いよく転がりすぎたり、スピンがかかって止まりやすくなってしまう。わざと芯から外して“死に球”にすれば、パターのような転がりになる。

×芯

CHECK2
ボールは芯から外す

LESSON3

クラブ変化による キャリー&ランの比率

ロフトの差による転がりの違いを知る

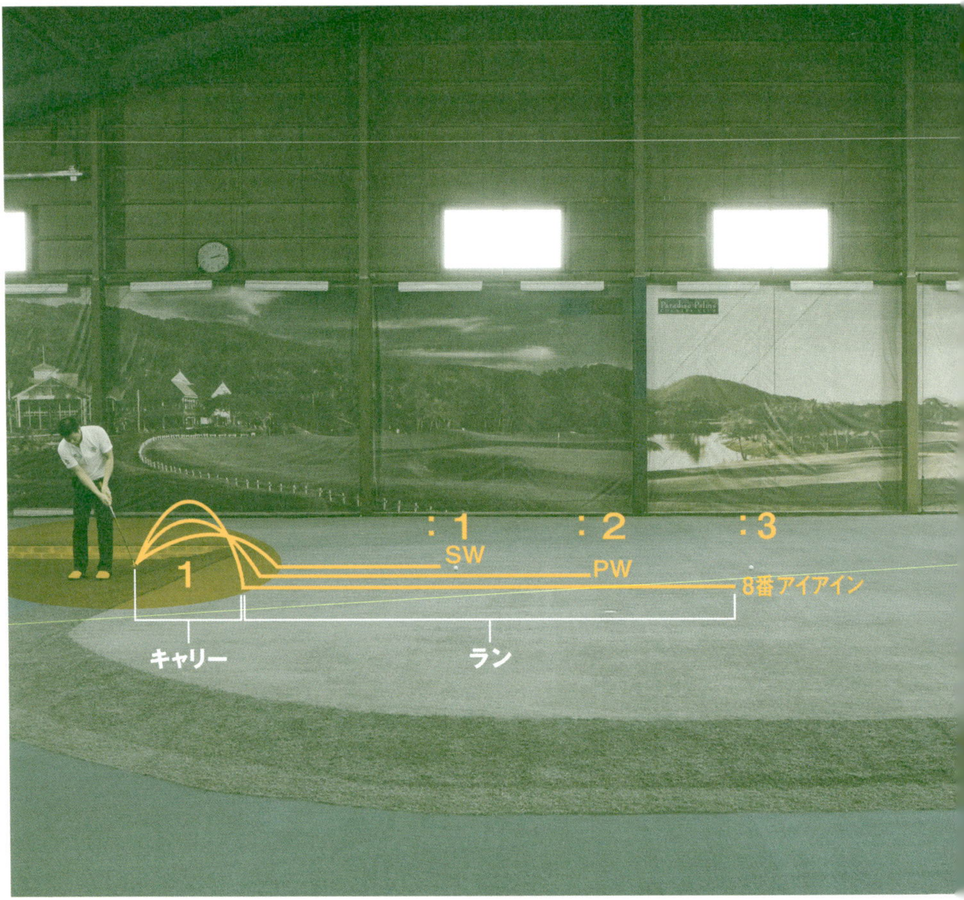

クラブをサンドウェッジからピッチングウェッジに変えても同じ落とし所（キャリーを一定）に打つ練習を。サンドウェッジのときにキャリー1：ラン1だとしたら、ピッチングウェッジではキャリー1：ラン2、8番アイナンではキャリー1：ラン3……というように、ロフトが立つほどランだけが伸びる。こうしてクラブを変えたときの自分なりの距離感とランを知ることができる。ピンが遠くにあるからといってキャリーで遠くに落とすより、近くに落として転がしたほうが成功する確率は高い。また、手首や下半身を使わない打ち方なので、ミスも少ない。

※グリーンのスピードや斜傾によってキャリーとランの比率は変化するのでしっかりイメージしてからクラブ選択しましょう。

EXERCISE

同じストロークでクラブを変えてみる

LESSON1〜3を実践。どんなクラブでも、キャリーはつねに一定にして、ランの違いを知ろう。素振りは必ず落とし所を見ながら。下を向いて素振りをしても意味がない。

❶サンドウェッジを持ち、LESSON 1 の要領で落とし所を見て何度も素振りをする。
❷素振りでつかんだスイングイメージ通りに打つ。
❸ピッチングウェッジ、8番アイアンなど、他のクラブに持ち替え、同様にスイングイメージをつかんでから打ち、ランの違いを体感する。

No5 クォーター理論のランニングアプローチ

レッスンの内容
1 GAP3
2 振り方
3 通常のランニングアプローチとの違い

低い転がしを生かした、クォーター理論式のアプローチ

ランニングアプローチは、グリーン近くにボールがあるものの、ピンが2段グリーンの奥にある場合など、ボールを転がして長い距離を寄せたいときに使える便利なアプローチの仕方です。障害物を越えたら早めに落として長く転がす方法論はパットアプローチと同様。ただし、芯でとらえて打つため、パットアプローチよりも長くランが出ます。また、本来のランニングアプローチと違い、つっかかったり強く転がりすぎしたりという失敗がないのが、クォーター理論式ランニングアプローチの特徴です。

LESSON1 GAP3

ギュッとではなく、隙間がないようにしっかり詰めて握る

G（グリップ）

右手と左手の人差し指と親指は隙間のないように握ること。ギュッと握るのではなく、軽く握るのだが、隙間がないように。

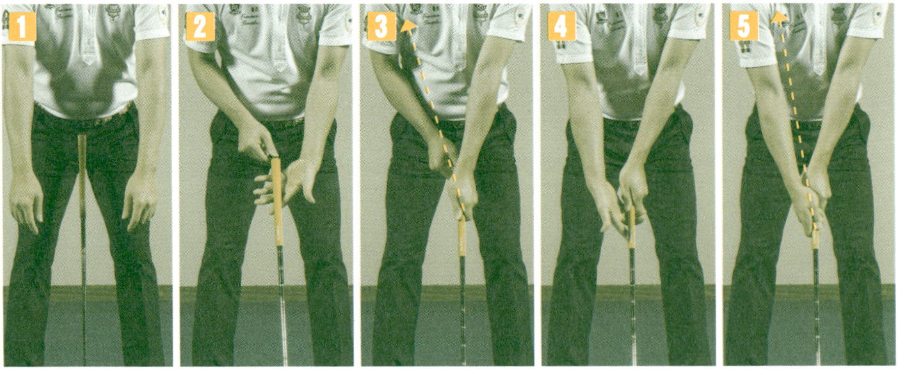

1 前傾し、手を自然に下したときに手は少し内側に向いている。2 この形のまま、左手の指の付け根部分はグリップを置く。3 そのままグリップを包むように握る。左手親指と人差し指の間のしわは、右肩のほうを向く。4 右手中指と薬指の付け根でクラブを支える。5 右手で左手親指を包むように上から握る。右手小指は、左手人差し指の上に置く（オーバーラッピング）、人差し指と絡める（インターロッキング）どちらでもよい。右手親指と人差し指の間のしわは、右首すじあたりを向く。

A（アドレス）とP（ボールポジション）

❶ソールをピッタリ地面につけ、フェースを目標にまっすぐ向ける
❷シャフトをまっすぐに構える（これがロフト通り）
❸そのクラブに対して３０度くらいオープンでグリップエンドが左足付け根をさすようにアドレスする（スタンスを少し狭めて、近くに立つ）
❹ボールポジションは自然に両つま先の真ん中にくる

CHECK1
ギュッとではなく、隙間をなくして軽く握る
CHECK2
ボールの位置は、体を開いてアドレスし、少し左に向けたつま先とつま先の中心
CHECK3
かかとを固定してつま先をボールに対してスクエアにすると、ボールはちょうど左足寄りの位置となっている

LESSON 2

振り方

ほうきではくようにソールを滑らせ、スイープにストロークする

ハンドファーストに構えていないので
ソールが滑り、ミスが少ない

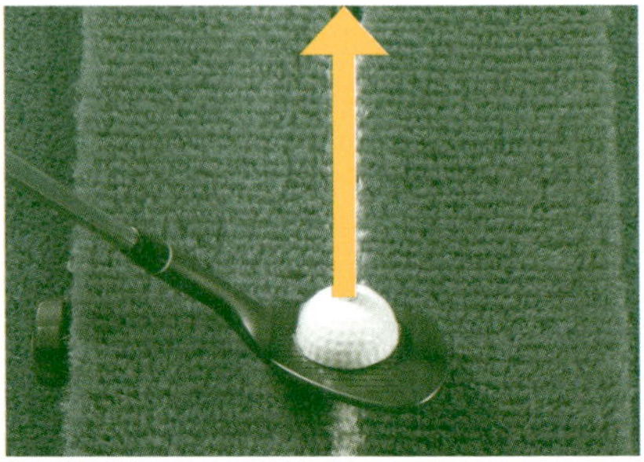

ランニングアプローチはクラブのソールを地面につけ、パターのように転がすつもりで肩を支点に打つ。ボールは芯に当てる。この時フェース面はまっすぐで良い

クォーター理論のランニングアプローチと、通常のランニングアプローチは違う!

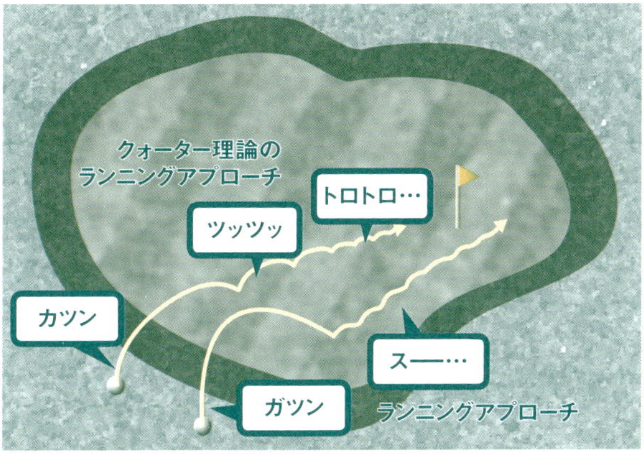

通常のランニングアプローチの音のイメージが「ガツン、スー」だとしたら、クォーター理論のランニングアプローチは「カツン、ツッツッ、トロトロトロ……」という転がり方のイメージとなる。

クォーター理論の ランニングアプローチ

・ロフト通りなのでキャリーとランが計算しやすい
・ソールが滑り、ミスが少ない

通常の ランニングアプローチ

・ロフトが立つので強く転がる
・転がりすぎたり、リーディングエッジがつっかかったりするミスがある

No6 20ヤード以内のアプローチ

レッスンの内容
1. GAP3
2. S1（ボディターン）
3. 振り幅の変化
4. 練習法

「振り幅の変化でキャリーを変える」感覚をつかむ

ゴルフのうまい人も下手な人も、スコアにおけるパット率は同じく40%前後です。違うのはパーオン率。アマチュア・ゴルファーのパーオン率は、スコアが90〜100台の人であれば、10%前後で、良くて30%です。つまり、80%前後はアプローチの必要があるということ。コースへ出たときにパーを拾えずに、ボギーやダボが増え、スコアも90以上、ときには100を超えてしまう。そんな経験、心当たりはありませんか？

アプローチの基本となる上半身の回転だけを使うスイング、「S１（スイング１）」で、20ヤード以内のアプローチを練習しましょう。パットアプローチやランニングアプローチよりもさらにグリーンが離れているときの打ち方で、ランよりもキャリーを長くします。ここでは、サンドウェッジやアプローチウェッジなど飛ばないクラブを使って、クラブの変化ではなく、振り幅の変化でキャリーを変えることを覚えます。振り幅のイメージと、自分の距離を知っておくことが大切です。

LESSON1 GAP3

ギュッとではなく、隙間がないようにしっかり詰めて握る

G（グリップ）

右手の人差し指と親指は隙間のないように握ること。握り方はランニングアプローチと同じ。

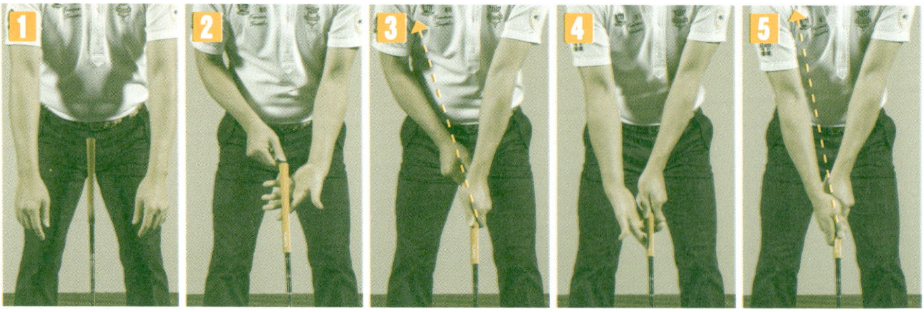

1 前傾し、手を自然に下したときに手は少し内側に向いている。2 この形のまま、左手の指の付け根部分はグリップを置く。3 そのままグリップを包むように握る。左手親指と人差し指の間のしわは、右肩のほうを向く。4 右手中指と薬指の付け根でクラブを支える。

5 右手で左手親指を包むように上から握る。右手小指は、左手人差し指の上に置く（オーバーラッピング）、人差し指と絡める（インターロッキング）どちらでもよい。右手親指と人差し指の間のしわは、右首すじあたりを向く。

A（アドレス）とP（ボールポジション）

❶肩幅くらいにスタンスを広げ両つま先を３０度くらい左に向ける。
❷クラブで足の付け根あたりを後ろに押し、お尻を後ろへ。膝を軽く曲げ、前傾する。
❸グリップエンドが左足の付け根のほうを指すように構える（ややハンドファーストになる）。
❹自然に手を下した位置で、前ページで説明したグリップで握る。

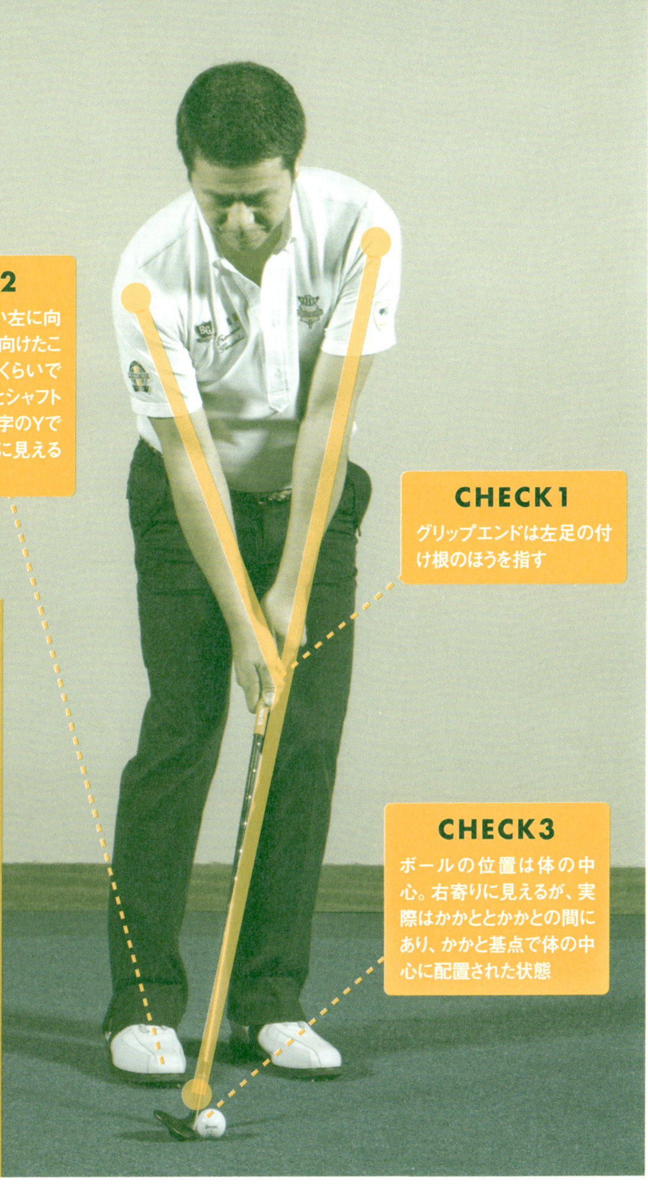
CHECK2
つま先を30度くらい左に向ける。つま先を左に向けたことで、体重が6：4くらいで左にかかる。両腕とシャフトのバランスが大文字のYではなく、小文字のyに見えるのがベスト
CHECK1
グリップエンドは左足の付け根のほうを指す
CHECK3
ボールの位置は体の中心。右寄りに見えるが、実際はかかととかかとの間にあり、かかと基点で体の中心に配置された状態

常識の誤解

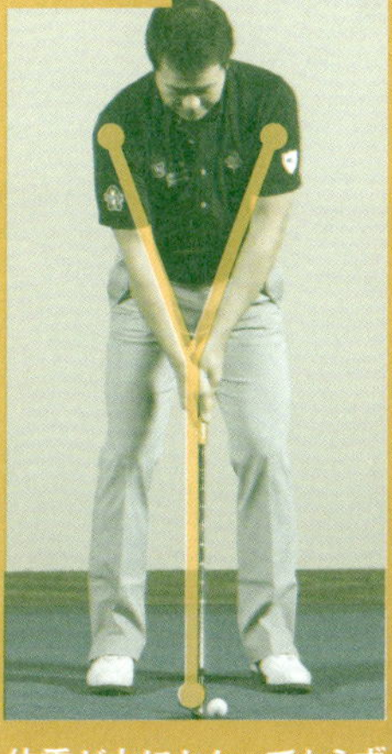

体重が左にかかっておらず、大文字のYのバランスになったアドレス。

LESSON2

S1（スイング1）手首を使わず、上半身の動きだけでストロークする

S1とは

顔、下半身を動かさず、手首を使わずに背骨を軸として上半身だけで左右対称に振るボディターンの動き。振り幅によって飛距離を変化させる。

CHECK2
顔は動かさない
CHECK3
上体だけでボディターン
CHECK1
両足を少し左に向けると、振りやすい。下半身は動かさない

LESSON３

振り幅の変化

振り幅の変化で距離をコントロール。加速減速せず、インパクトは通過点として意識しない

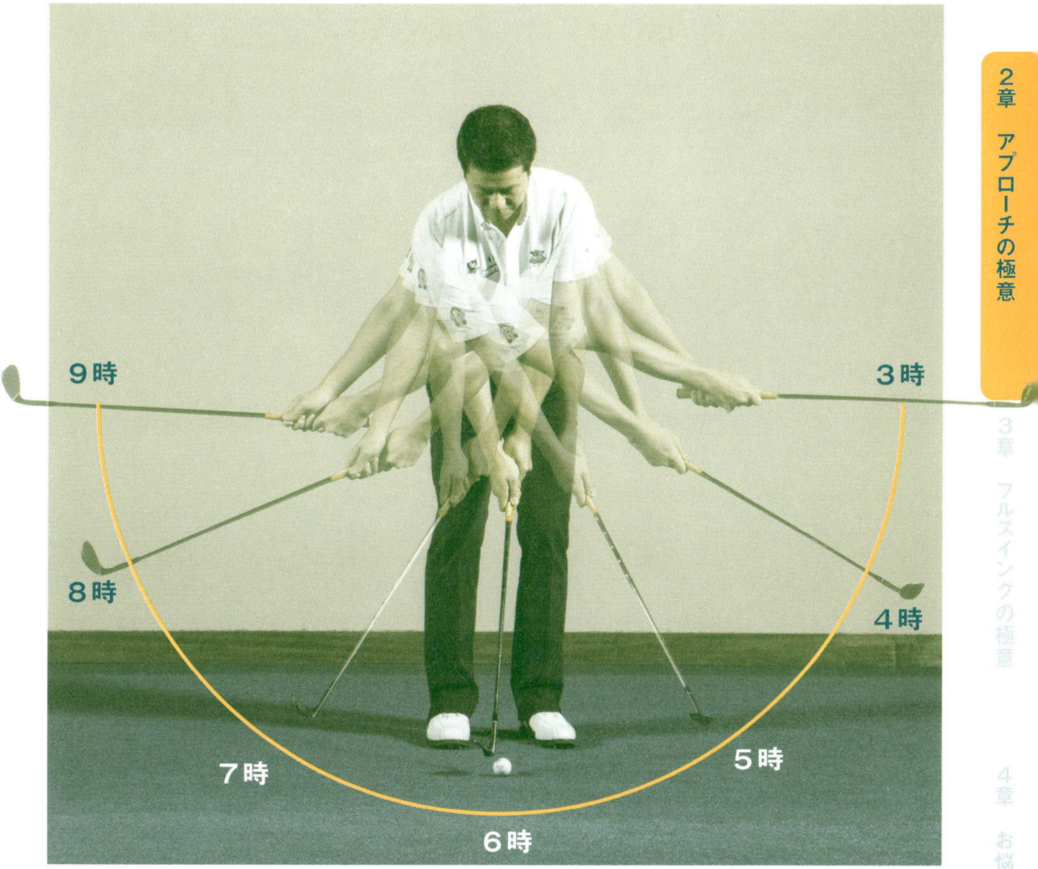

正しいGAP３ができたら、S1の動きで下半身や手首は使わず、素振りをしてから、まずは７時～５時のイメージで打つ。次に、８時～４時のイメージ、そして９時～３時のイメージで打つ。９時～３時が最大の振り幅。スピードがつくと、イメージした振り幅よりも実際は大きく振ってしまう場合もあるが、それでOK。どれだけの振り幅でどのくらい飛ぶか、体にしみこませる。このとき往復のスピードは一定で、６時の位置を意識しないのがポイント。６時＝インパクトを意識するとリズムが狂い、速く振ってトップしたりダフったりする原因になる。

LESSON4 フェイスの向き

フェイスを少しオープンにすれば、ボールはまっすぐに飛ぶ

「リーディングエッジを目標に向けてまっすぐに」という指導が一般的だが、フェイスに直角につけた矢印の指す方向でわかるようにそれでは芯は左を向いてしまい、ボールは左に飛ぶ。また、リーディングエッジが芝につっかかりやすい。

少しフェイスを開けば、芯は目標に対してまっすぐ向く。つまり、クラブのフェイスはやや開いたほうがよい。

EXERCISE 1

落とし所を見て素振りをする

ピンを直接狙ってピンそばにボールを落とすと、ボールはピンより先に転がってしまうことが多い。まずはボールが落ちたあとの転がりを予測して、手前に落とし所を決めよう。そして素振りもピンでなくその落としどころを見ながら行うことが大事。あとは、イメージ通り落とし所に落とすだけ。

EXERCISE 2

目標を変え、振り幅を変えて打つ

目標が遠くなるほど、キャリー：ランの比率は、３：１、５：１、６：１……となり、キャリーが長くなっていく。振り幅を変えて、手前に落とし目標に届かせる練習を。ボールが落ちてからどれだけ転がって目標に止まるか、を予測して打つのがゴルフの練習。

❶サンドウェッジを持ち、近い目標に向かって打つ。このときに振り幅の感覚を覚える。
❷次に、少し遠い目標に向かって打つ。❶と比べて振り幅はどのくらい違うか、感じること。
❸次に、さらに遠い目標に向かって打ってみる。

EXERCISE 3

目標は変えず、自分が遠ざかって振り幅を変える。

今度は、ひとつの目標に対し、自分が遠ざかっていく。EXERCISE２と理論は同じだが、見えるイメージが変わることで、まったく違うイメージトレーニングになる。

COLUMN 3

「ゴルフは目標に打たないゲーム」

ゴルフは目標に打ってはいけないスポーツです。えっ、そんなはずはないって？ いえいえ、本当に目標に打ってはいけないんですよ。

野球では、ピッチャーがキャッチャーミットを目がけてボールを投げます。内野手がボールを投げるときには、必ずキャッチする相手を狙います。バスケットボールはボールをゴールに投げ入れます。だから目標に投げる練習をするのです。しかしゴルフは、目標に向かって打つと、そこから転がってしまってオーバーします。オーバーすると、次は緩めて打ってザックリのミスをします。身に覚えはありませんか？　そう、ゴルフは目標に向かって打つのではなく、ボールを目標に止めなければならないのです。

目標（ピン）に向かって打っているだけでは“打ちっ放し”になっていて、結果が出ません。

No7 30ヤード前後（キャリー）のアプローチ

レッスンの内容
1. S2（軸回転）
2. インパクトの形
3. クラブの変化
4. ボールポジションの変化と弾道
5. 練習法

「背中」→「足」を意識して、ボディターンするスイング

30ヤード前後（キャリー）のアプローチのスイングを「S2（スイング2)」と呼んでいます。S2には、❶正しいインパクトの形、❷下半身始動、❸捻転差の利用 が必要です。この3つにはゴルフのスイングでもっとも重要な体の軸回転が入っています。そのためクォーター理論では、このもっとも重要な動きをベースにするスイングS2を、最重要視しています。

30ヤード前後（キャリー）のアプローチの場合、パットアプローチやランニングアプローチは不向きです。また、上体の回転を使ってストロークするS1では、振り幅に限界があり、届かない場合があります。そこで、S2の動きが必要になるのです。S2は、上半身に加え、下半身の動きが加わるため、S1と同じ振り幅でも距離が出ます。

LESSON1
S2（スイング2）

上半身4分の1の回転=「背中!」+下半身4分の1の回転=「足!」

S2とは

S1は上半身だけのストロークだが、上半身だけの動きには限界がある。その限界を超えた半円内のストロークがS2の範囲。S2は背中・足を意識する。

「背中」から「足」の動きの一連の流れ。

背骨を軸に横にまわる円と、下半身を使って横にまわる円。S2はこの2つの円の組み合わせだ。

CHECK1
「背中」の軸で9時の位置へ
CHECK2
「足」の軸で結果的にフォローで3時の位置へ

振り幅は腰から腰。それに体のねじれ（捻転）を加えて距離を変える。意識は「背中」→「足」。

LESSON 2

インパクトの形

「背中を90度右へ、足を90度左へ」で、インパクトの形。インパクトの形はアドレスの再現ではない

インパクトの形の確認

1クラブを握って、体の正面で床と平行に保つ。2手を使わず、下半身を動かさず、上半身（背中）だけで右に90度まわす。このとき、上半身と下半身に捻転差が生じる。3下半身（足）を左に90度まわす。上半身は動かさなくても自然に正面を向いた右腰前にクラブが戻ってきている。

背中を軸に上半身だけ右に９０度

上半身の状態を保ったまま、下半身だけ左に９０度回すと自然に上半身が正面を向く

クラブを持ってS2を実践

1クラブを握りアドレス。（ボールとアドレスの位置はP96参照）2手を使わず、下半身を動かさず、上半身（背中）だけで右に90度まわす。3下半身（足）を左に90度まわす。これがインパクトの形。4インパクトの後、背骨とリーディングエッジは平行になる。

CHECK1
インパクトは右腰の横
CHECK2
ねじりを戻すとアドレスの位置に

インパクトは右腰の横。下半身のねじりを戻せば、アドレスした通りに戻るはず。それが正しいインパクトの形だ。上半身だけ90度右に回したあと、上半身を90度正面に戻したものは、アドレスの再現とはいわない。（ただし、パット、パットアプローチ、ランニングアプローチ、S1までは下半身を使わないので、上半身を回して戻したものは、アドレスの再現となる）。フルスイングしたときも、必ずインパクトの形をとる。インパクトの形さえよければ、どんなスイングでも本当はいいのかもしれないが、クラブをいつでも正しく元の位置に戻すために、スイング～インパクトの形を覚えるのだ。

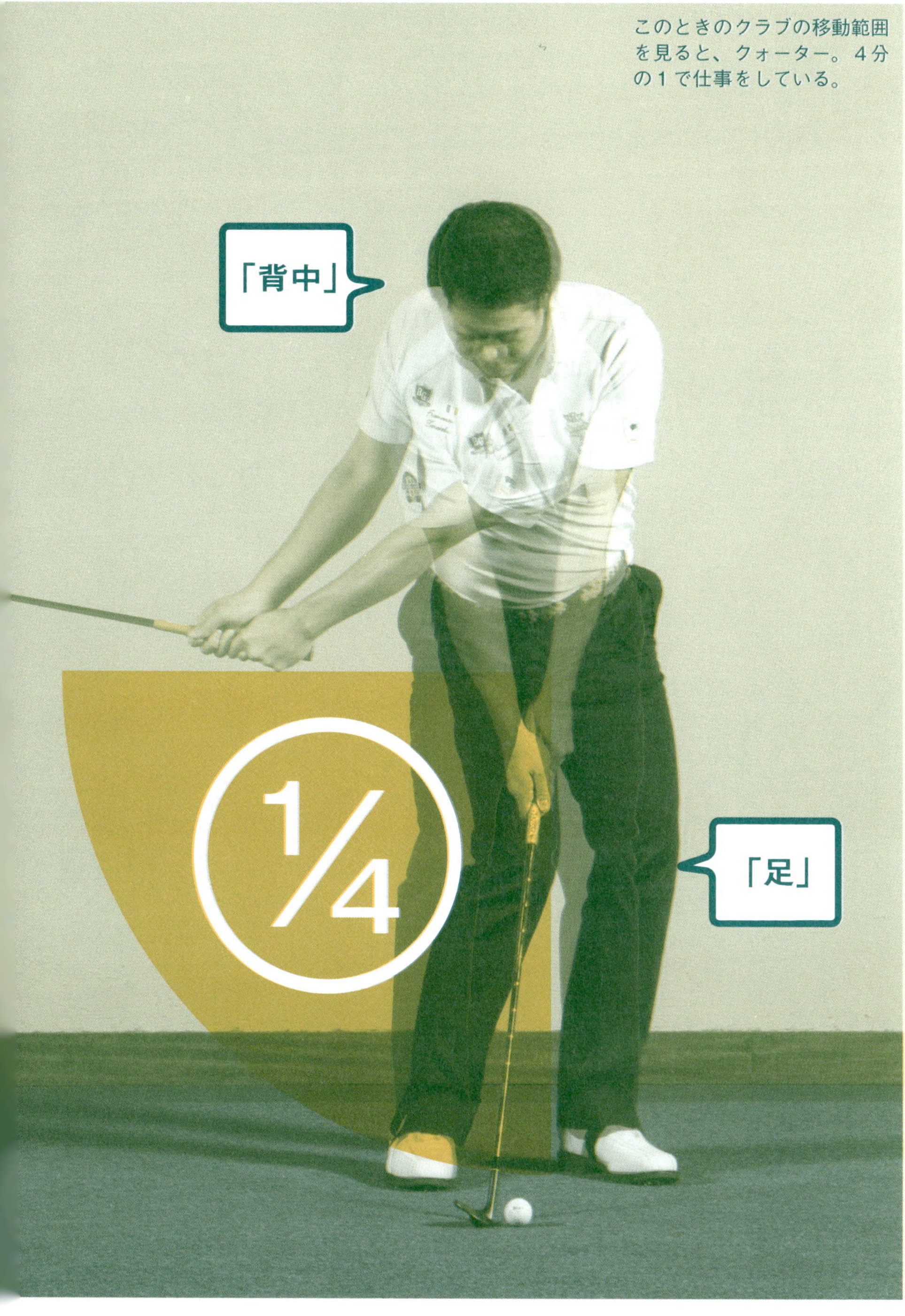

このときのクラブの移動範囲を見ると、クォーター。4分の1で仕事をしている。

LESSON3

上半身と下半身の捻転

「下半身始動」をすれば、上半身と下半身の捻転差が生まれる

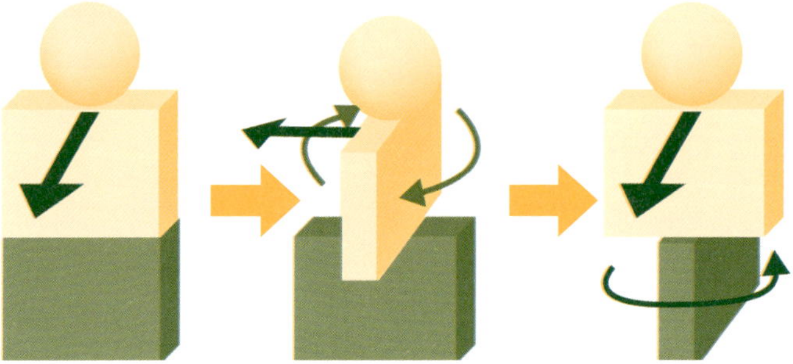

S2の動きを覚えると、正しい「下半身始動」ができる。おしぼりやゴムなどを捻った時の動きをイメージするとわかりやすい。下半分を固定して上半分を捻って回す。次に上半分はそのままの状態にして、下半分を逆方向に捻ってから、上半分を解放するとブンとよくまわる。捻転差でスピードを出す方法だ。この動きは、腕のスピードとは別のもの。S2のスイングにおいても絶対に自分でフォローをとろうとしないこと。自分でフォローを出そうとすると軸がズレたり、上半身が加速したりしてしまう。「背中」→「足」の回転を利用してスイングしているので、インパクトの形で終われば、捻転差の反動で自然にフォローが出る。

CHECK

S2では、背中とリーディングエッジはつねに平行になる

✕ 常識の誤解

捻転差がなく上半身の開きが先行すると、左ひじが抜け、よく見かける典型的なNGスイングになってしまう。

【今までのアプローチ理論とクォーター理論との違い】

少しアプローチのおさらいをしましょう。クォーター理論では、今までの理解と異なる教え方をしています。今までのレッスンで結果が出なかった人こそ、試してみてください。

[今までの理論]

- ●リーディングエッジを目標にまっすぐ向ける
- ●スタンスは肩幅に広げまっすぐ構える
- ●ダフらないようにボールを直接打つ
- ●フォローで加速して打つ
- ●ボールを最後までよく見る

[クォーター理論]

- ●フェースを開いて芯を目標に向ける
- ●スタンスは少しオープンに構える
- ●ボールの手前をダフるイメージ
- ●ダウンでゆっくりおろして打つ
- ●ボールは見ない

常識の誤解

上体で上げて、上体で戻す。クラブはまっすぐ上げて、まっすぐ出す。ボールを直接打っても、ボールは上がらない。

桑田流はこれだ!

何年やっても……

従来の教えの「体重移動して」「ひざを送って」「ハンドファーストで」「フォローで打とう」とすれば、当然、上がらない、飛ばない、右に行くというように、みなさんがよく口にする悪い結果になってしまいます。そうです。フルスイングの前に、すでにここに原因があったのです。クォーター理論のS2は、野球でいうとキャッチボール。それができないのに、何をやってもうまくいくはずがありません。できない以前に、基本を知らないでやっているわけですから。それでは何十年やったところで、上達はしませんよね。

LESSON 4

クラブの変化

クラブを変えて、キャリー&ランの違いを知る

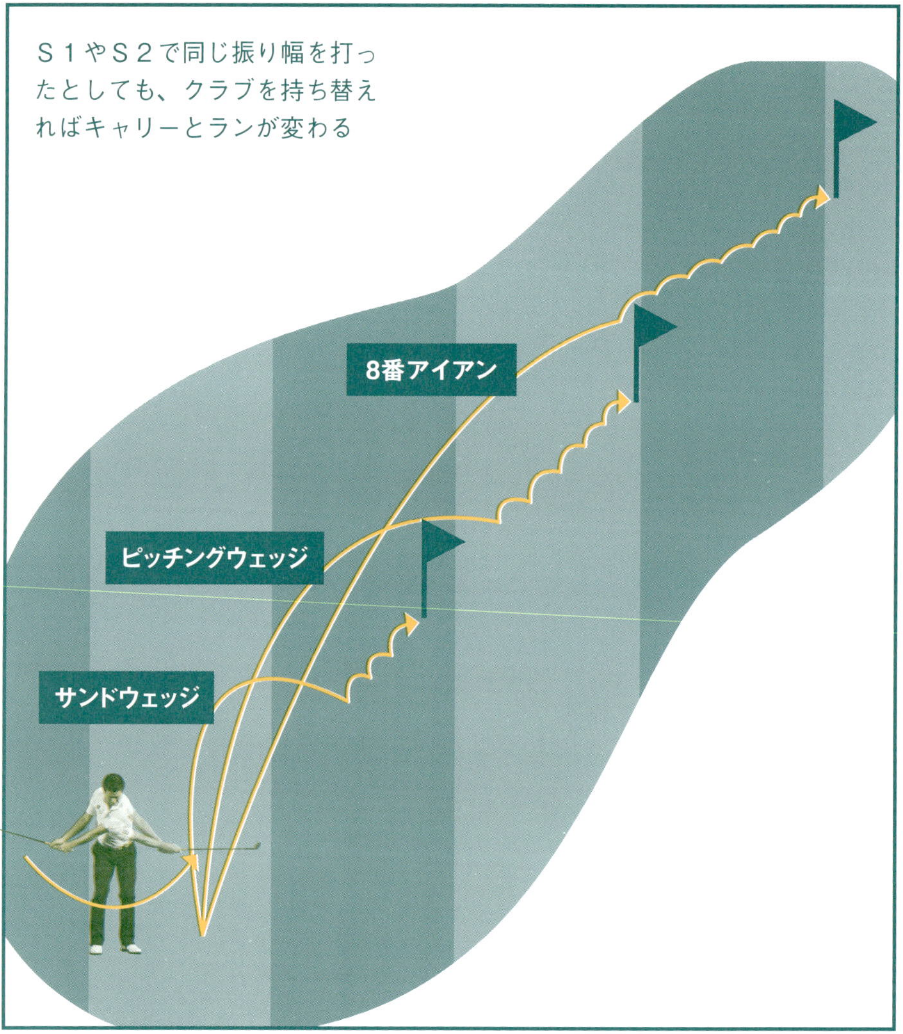

Ｓ１やＳ２で同じ振り幅を打ったとしても、クラブを持ち替えればキャリーとランが変わる
8番アイアン
ピッチングウェッジ
サンドウェッジ

ボール位置と振り幅が同じ状況でクラブを持ち替えた場合。たとえばサンドウェッジであれば高く上がってランが少ない。ピッチングウェッジや8番アイアンであればロフトが立つのでキャリーもランも増える。

LESSON5

ボールポジションの変化による弾道の変化

1本のクラブでボール位置を変え、ロフトの変化でキャリー&ランの違いを知る

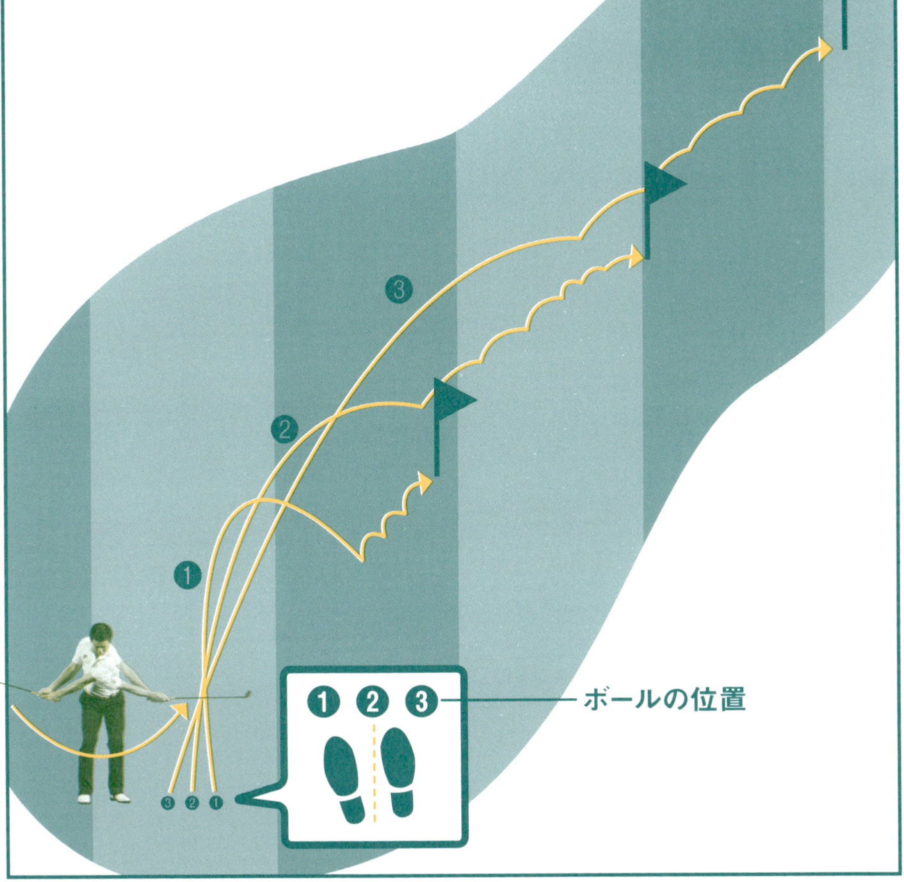

ボール位置を変えることでロフトが変化し、キャリーとランが変わる

❶少し左に置いた分、ロフトが多く高くて止まりやすい球になる（ピッチショット）。
❷真ん中に置いた分、通常のロフトでロフト通り上がり適度に転がる球になる（ピッチエンドラン）。
❸右に置いた分ロフトが立ち、低く出てランが多くなる（ランニングショット）。

EXERCISE1

「背中」→「足」で
布団たたき。
インパクトの形を覚える

太鼓などを叩く場合は、フォローを意識することなく、目標を叩く動作をしている。この動作では、自然に腰を左に90度まわしているはず。このまま斜め下を向けば、ゴルフのインパクトの形となる。実際に壁や布団を叩いてインパクトの形を覚えるのもいい練習だ。

棒やクラブを持ち、「背中で右90度」「足で左90度」の動きを確認。
フォローを意識せずクラブに4分の1の動きで仕事をさせる。

桑田流はこれだ!

再現性を高めるために大きな筋肉に覚えさせる

S2のスイングは、S1同様、手首を使いません。ボディーターンだけのスイングです。それはアプローチには、安定した狂いのない動きが必要だからです。人間の手や指先はとても器用であるがゆえに、何かミスをしそうなとき、微妙な手先のコントロールで、つじつま合わせをしてしまいます。つまり、繊細に動く分、今とまったく同じ動きをしろと言っても、その再現性は高くないのです。一方、背中や足などの大きな筋肉は、手や指先に比べて、不器用だからこそ再現性が高いのです。僕が「背中」、「足」と言う言葉を使って覚えてもらうのも、そういう理由からです。

ゴルフは安定した動きをすることが大切です。大きな筋肉に正しい動きを覚えさせ、つねに同じ動きができるようにしましょう。

SPECIAL EXERCISE

テンポマスターで「しなり戻り」の感覚をつかむ

シャフトがふにゃふにゃとした素材でできた練習用クラブ『テンポマスター』を使ったS2のスイング練習。普通のクラブで打つのと同様にボールがまっすぐ上がって飛べばOK。間違ったスイングをすると、クラブがしなってフェイスが右を向いたまま当たるため、スライス球になる。対して、上半身と下半身の捻転差を利用したS2のスイングなら、ハンドファーストではなく、反対の“ハンドバック”の状態となる。この状態では「しなり戻り」（シャフトが一度しなった反動でクラブヘッドが前方に振り出されること）でフェイスがボールに当たるので、ストレートか、ストレートドローの球になる。「しなり戻り」で打つと、フェイスはまっすぐに戻り、ボールが捕まりやすく、上がって止まる。テンポマスターは下半身主動のハンドバックのインパクト感覚が身につく最適な道具だ。

※「テンポマスター」は市販品です。

ハンドファーストでフェイスが右を向いたままインパクト

正しくスイングしないと、ハンドファーストとなり、むしろ右にスライスする。上がらず飛ばず右にいくといった、多くの人がよく口にするミスになる。

No8 グリーン周りの傾斜からのアプローチ（上がり系）

レッスンの内容
❶左足上がり
❷つま先上がり

上がり系はフックしやすい

グリーン周りには、罠がたくさん潜んでいます。グリーンは盛り上がっているものが多く、グリーン周りからの寄せは思っている以上に難しいものです。グリーンを外した場合、あるいはグリーンからこぼれてしまった場合、そこは大抵深いラフや傾斜地。状況に応じたイメージやアドレスをしっかり頭に入れましょう。グリーン周りからのアプローチは、ピンの位置によっても、打ち方が変わってきます。グリーンにのせたあと、転がせるか転がせないかが変わるからです。周囲の状況を判断して、傾斜上で、ロフトなり、もしくは傾斜なりに立って打つ対応策を知っておきましょう。

LESSON1 左足上がりの打ち方

ラウンド中、1番多い状況だが1番簡単。上げるか転がすかを決め、確実に寄せワンをとる

※寄せワンとは…アプローチで寄せてワンパットの略

左足上がりの状況判断
（左足が高い位置にある傾斜の場合）

- 左足上がりはフックしやすい。
- ボールの右側が下がっているので、ボールに当てやすい。また、さまざまな傾斜パターンのうち、もっとも打ちやすい。
- ロフトなりに立つ場合、フォローが出にくい。
- 傾斜なりに立つ場合、ロフトが上を向くので、高くて止まりやすい球になる。
- 傾斜が強いほど、また長いクラブほど、曲がりが大きくなる。
- 傾斜の度合いに合わせて右向きにアドレスする。

「左足上がりからのアプローチをロフトなりに立って打つとき」

※ロフトなりとは…クラブの本来のロフトに忠実になるように立つ

ロフトなりに立つ場合の特徴とスイングイメージ

●フックしやすいので、多少右にアドレスをとる。
●素振りをしたときに地面をこする場所にボールを置く。
●少し左に体重がかかるように、左足を曲げる。
●手や下半身を使わず､肩でストローク。
●フォローがとりにくいので、当てて終わりのイメージで。
●フィニッシュのとき、左に体重がのったままになるように。決して右にのらない。
●ピンが奥にある場合、卓球のドライブのようにボールを包み込むイメージで打つと、チャックリ（ボールの手前を叩いてしまい、ボールが少ししか飛ばないミス）せず、落ち　てからボールが転がる。

「左足上がりのアプローチを傾斜なりに立って打つとき」

※傾斜なりとは…傾斜に逆らわずに立つ

傾斜なりに立つ場合の特徴とスイングイメージ

●フックしやすいので、多少右にアドレスをとる。
●素振りをしたときに地面をこする場所にボールを置く。
●ロフトが本来の番手以上に上を向くので、長いクラブに持ちかえるか、振り幅を大きくする。
●手や下半身を使わず、肩でストローク。
●しゃくり上げず、傾斜なりに振ればボールは自然に上がる。
●ピンが手前にある場合は、この方法がベター。
●高くて止まりやすい球になるので、振り幅を増やす。

LESSON2

つま先上がりの打ち方

クラブを短く持ち、背骨を軸に回転する

つま先上がりの状況判断

（両足のつま先が高い位置にある傾斜の場合）

- 後ろに体重がかかりやすいので、フックしやすい
- 自分の足元より高いところにボールがあるので、ダフりやすい。
- まっすぐ打とうとするとボールをクラブの根元に当ててしまうシャンクを起こしやすい。

つま先上がりの場合の特徴とスイングイメージ

- ボールが高い位置にある分、クラブを短く持つ。
- フックしやすい分、やや右を向いてアドレスする。
- 似たようなライで素振りをし、地面をこする場所にボールを置く。
- 手首や下半身を使わず、肩だけでストローク。
- ピンが奥の場合、ランを増やすためにクラブを変える。あるいは右にボールを置いてロフトを立てて打つ。そうすることでボールが低く出て、ランも出やすくなる。
- ピンが手前の場合、アドレスは（ピン奥の場合と）一緒だが、転がしてはいけないので、フェイスを開き、ダフるところで左に振る。そうすることでボールが高く上がり、止まりやすくなる。
- 背骨が立てば立つほど、ひっかけるようなつもりで左に振る。

「つま先上がりのアプローチを転がしたいとき」

CHECK1

右にボールを置いて、ロフトを立てると低いボールが出て転がりやすい

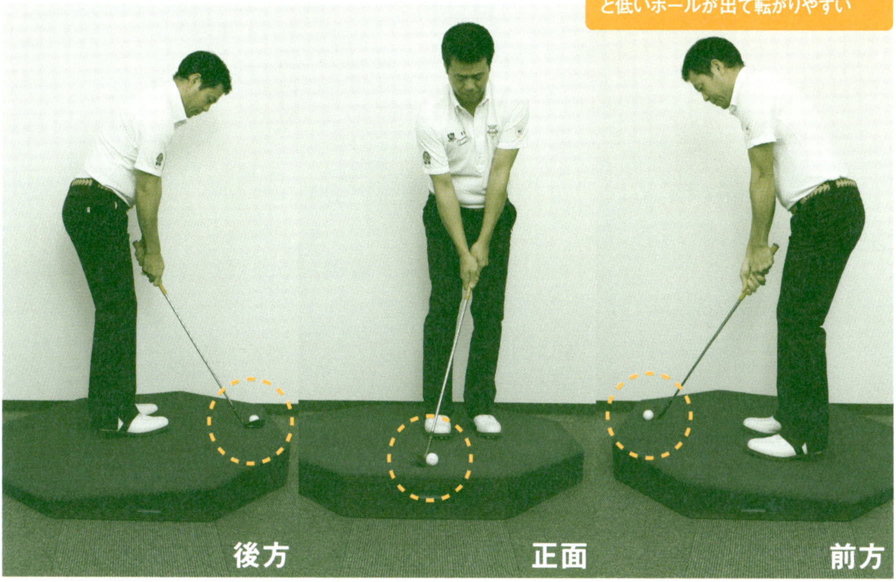

「つま先上がりのアプローチを止めたいとき」

CHECK2

フェイスを開くと、高く上がり、止まりやすい

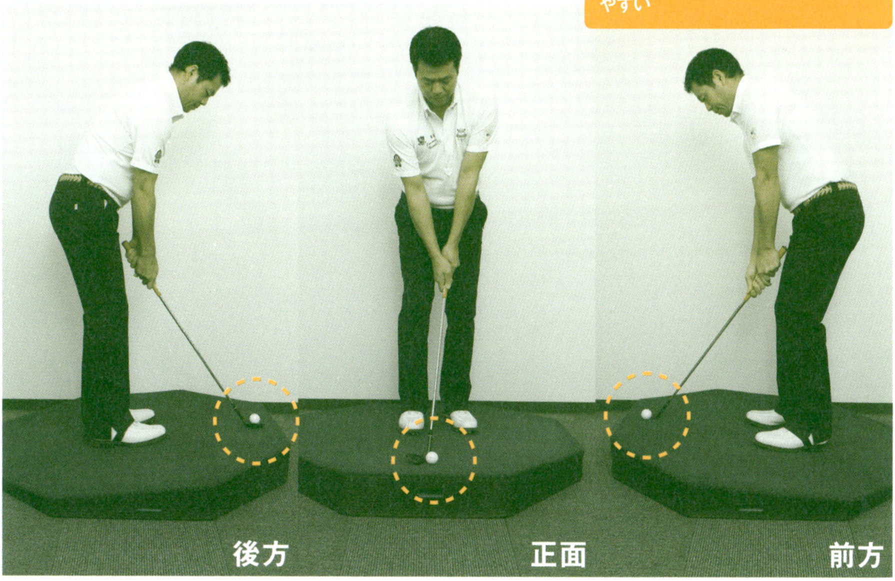

No9 グリーン周りの傾斜からのアプローチ（下がり系）

レッスンの内容
❶左足下がり
❷つま先下がり

下がり系はスライスになりやすいので注意

グリーン周りの傾斜地からのアプローチでは、的確な状況判断と、それに対応できる技術が必要です。基本はクラブの芯にボールが当たりやすい振り方を選択することが大事。状況に応じたイメージやアドレスをしっかり頭に入れましょう。

LESSON1 左足下がりの打ち方

1番難しい傾斜なのでけっして上げようとせず、傾斜に沿って打つことを考える

左足下がりの状況判断
（左足が低い位置にある傾斜の場合）

- ボールの手前が高いので、芯に当たりづらく、ダフりやトップをしやすい。まっすぐ打つのも同様に芯に当たりづらい。
- 打つ方向（前）に体重がかかってしまい、上体が突っ込みやすく、打球もスライスしやすい。
- 左が下がれば下がるほど、低い球でスライスしやすい。
- いつもより右にクラブが着地するため、着地位置を素振りで確認し、ボールポジションもその位置を目安にする。
- 傾斜なりに打つと、ロフトが少し立つので、ボールは低く出てランも出やすい。
- P64-71で紹介する4つの傾斜のなかでもっとも難しい。

「左足下がりからのアプローチを傾斜なりに立って打つとき」

ボールを転がすように打つ場合の特徴とスイングイメージ

- 素振りしたときにクラブが着地する位置（右足寄り）にボールをセットする。
- 傾斜なりに立ち左足体重で構えると、ロフトが立ち、芯がボールに近づく。
- 手首の角度を変えず、肩でまっすぐ上げる。そしてフェイス面を変えずにいきなり左下に振り、低く出てランを使うイメージ。
- ピンが近い場合、フェイスを右に開いてから、肩でまっすぐ上げ、左下に振る。するとフェイス上をボールが斜めに長く通過する形となるのでスピンがかかり、少し上がりやすく、止まりやすい球になる。

ピンが近い場合は・・・
開いたフェース上を、ボールが斜めに長く通過するイメージで打つ

ボールを止めるように打つ場合の特徴とスイングイメージ

- ピンが近い場合、フェイスを右に開いてから、肩でまっすぐ上げ、左下に振る。するとフェイス上をボールが斜めに長く通過する形となるのでスピンがかかり、少し上がりやすく、止まりやすい球になる。

CHECK
ロフトが立ち、芯がボールが近づく

※ロフトなりに立って打つ方法もあるが、お勧めはしない。やるとすれば、バンカーショット（P.132参照）のように構え、クラブヘッドを左下に振る。ただし、大変難しい技なので、アマチュアは避けたほうがいい。

LESSON 2

つま先下がりの打ち方

ボールの近くに立ち、ライ角を合わせ パットアプローチ（P.38参照）の要領で

つま先下がりの状況判断

(両足のつま先が低い位置にある傾斜の場合)

●普通に立つとライ角が合わず（ソールが地面と水平にならず）、傾斜の高い位置からクラブが入りやすい。

●そのため、左右にチョロをしやすい。

●体の前に体重がかかりやすいので、スライスしやすい。

●体を動かすとミスしやすい。

つま先下がりの場合の特徴とスイングイメージ

●ボールに近づくことでライ角が合い振りやすく、芯に当たりやすい

●ボールの近くに立つと肩のストロークでまっすぐ振りやすく、左右のチョロがなくなる

●ボールが右にいってしまう人は、パットアプローチを使うとより簡単に打てる

「つま先下がりからのアプローチを転がしたいとき」

CHECK1

ボールに近づいて立ち、右にボールを置くとロフトが立つので、転がりやすい

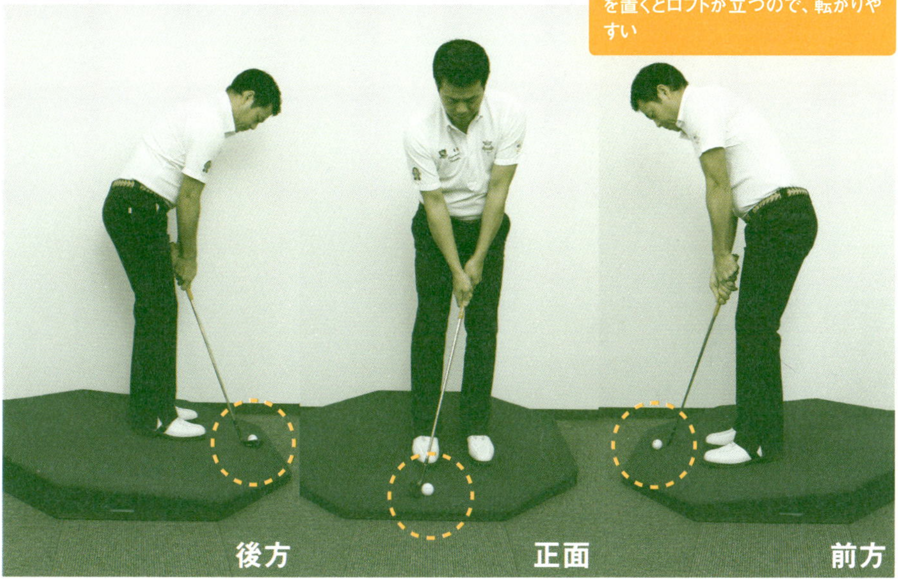

「つま先下がりからのアプローチを止めたいとき」

CHECK2

フェイスを開き、カット気味にクラブを入れると上がって、止まりやすい

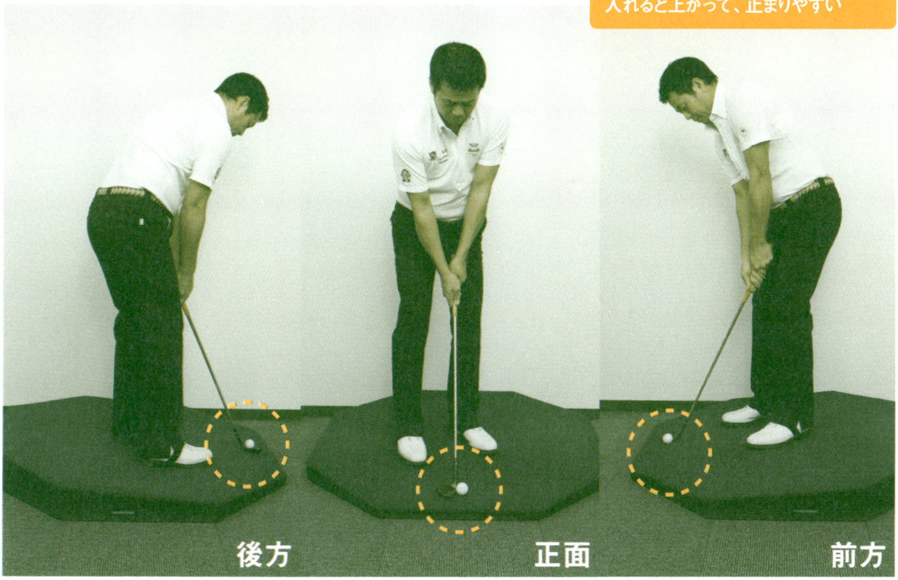

第3章●フルスイングの極意

Full swing

フルスイングは、クラブヘッドが動く範囲がもっとも広くなるため、体の動きやクラブの使い方を、より正しく理解する必要があります。従来の間違えた考え方のままでは、振れば振るほどスイングが乱れ、ヘッドスピードも上がらず、芯にも当たりません。

正しいフルスイングのためには、S2で覚えたボディターンに加え、アームローテーションが必要になります。アームローテーションの動きを覚えれば、L字型をしたゴルフクラブという道具を効果的に使うことができます。

「手打ちしろ!」の真相

The truth of theory

「手打ちしろ!」と聞いて、驚く人は多いと思います。しかし、フルスイングではそのイメージで打ったほうが良い結果に導けるため、僕のレッスンではそのように教えています。なぜだと思いますか？　理由は明快です。フルスイングをボディターンだけで打っている人があまりにも多く、その結果、打球がスライスしているからです。みなさんのフルスイングには、手打ちの要素があまりにも足りません。

ボディターンをすると、クラブがしなります。アプローチは距離が短いので、そのしなり戻りで打って支障がないのですが、フルスイングをしなり戻りだけで打つと、L字の形をしているクラブは先端のヘッド部分が大きく遅れて来ます。すると、フェイスが開いたまま、芯に当たらずに、飛ばないスライスになります。そういうスイングをする人は、残念ながら、道具の使い方がわかっていません。

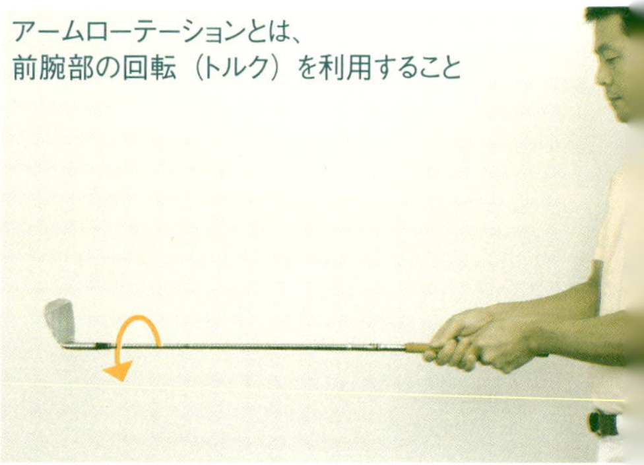

アームローテーションとは、
前腕部の回転（トルク）を利用すること

よく考えてください。野球のバットやテニスラケットは棒の延長線上に芯があるので、しなり戻りだけで打てば、ボールを芯でとらえることができます。しかし、ゴルフクラブの先はL字になっていて、棒の延

アームローテーションを使うと低いフックとなる

ボディーターンだけでは高いスライスとなる

長線上に芯はありません。L字の先にあるフェイスの真ん中に芯があります。

L字の芯でボールをとらえるためには、前腕の回転となるトルクを使用することです。手をローテーション（ひっくり返す回転運動）させてトルクを使えば、ボールに力が伝わります。さらに、ボールが捕まりやすく、ゆっくり振っても遠くに飛んでいくのです。

アームローテーションでトルクを使って打つと、打球は低いフックになります。ボディターンだけで打てば、高いスライスになります。クォーター理論では、この2つを別々に練習して、最終的に組み合わせているのです。

No10 アームローテーション

レッスンの内容
1. S3（手打ち）
2. アームローテーション
3. フックの要素
4. 練習法

フルスイングに必要な動き「アームローテーション」はフックの要素

誤解している人が多いのですが、フルスイングは、力いっぱい振ることではありません。フルスイングはスイングプレーン（クラブヘッドの軌跡が形作る仮想の円盤）上で、もっとも大きくヘッドを移動させる動きのことです。半円までの動き（S1,S2）が確実にできていて初めて次のステップ、フルスイングに移行できるのです。

よく「手打ちするな」と習いますが、クォーター理論では、「手打ちしろ！」と教えています。手打ち（S3）は、フルスイングだからこそ必要な動きなのです。ここでもクォーターの動きは極めて重要です。クラブの性質を理解し、最大限に利用するための動き「アームローテーション」をしっかり身につけましょう。

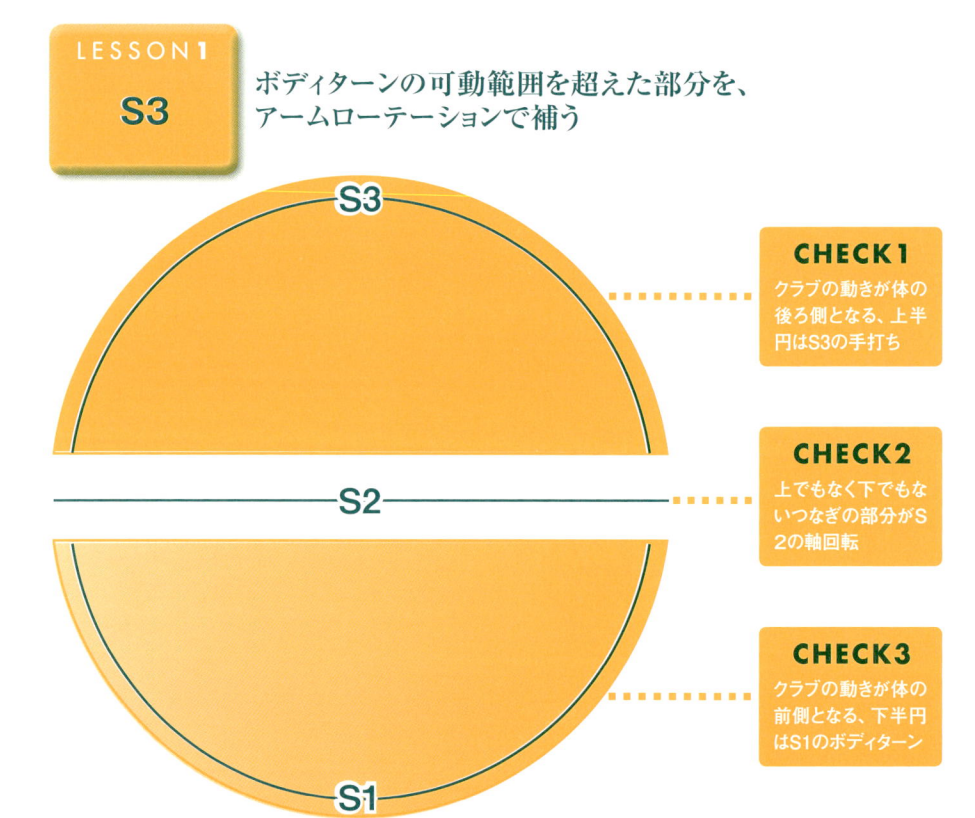

LESSON1 S3

ボディターンの可動範囲を超えた部分を、アームローテーションで補う

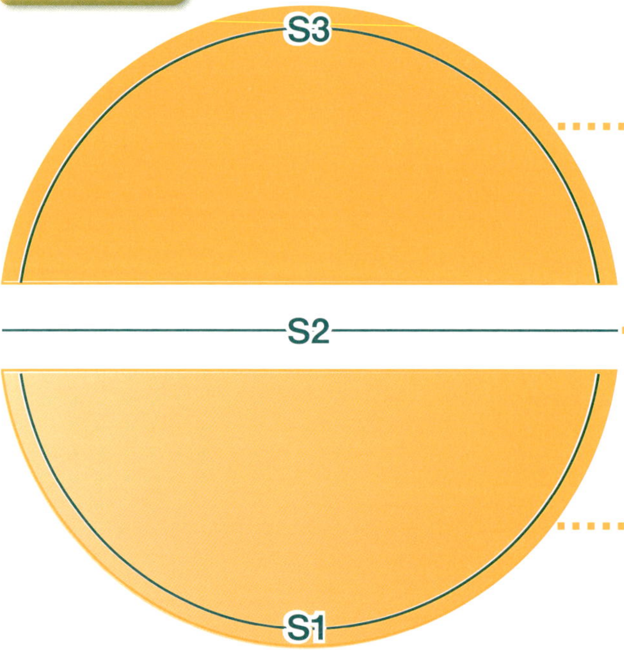

CHECK1
クラブの動きが体の後ろ側となる、上半円はS3の手打ち

CHECK2
上でもなく下でもないつなぎの部分がS2の軸回転

CHECK3
クラブの動きが体の前側となる、下半円はS1のボディターン

LESSON2

アームローテーション

下半身、胸、顔を動かさず、肩から先の腕だけで「手打ち」する

クラブを地面と水平に保ち、肩から肩へ、腕だけ動かす。すると、左右対称の動きで、自然に手がひっくり返るはず。ヘッドは丸く動く。

アームローテーションのポイント3

❶下半身を動かさない

❷胸・顔を動かさない

❸肩から肩へ腕だけで「手打ち」する

そのまま背骨を斜め下に向け、前傾姿勢になれば、それがＳ３のアームローテーション。トップで右ひじはたたまれ、左ひじが伸び、フォローではその逆で、左ひじはたたまれ、右ひじが伸びている。

体の前側をクラブヘッドが移動する、下半円の回転（S1、S2）では、ボディターンのみで手は一切使わない。体の後ろ側となる上半円に及んだとき、初めてアームローテーションを用いる。このアームローテーションを使った上半円の動きを、クォーター理論ではS3と呼んでいる。S3はフルスイングの核となる重要な動きだ。

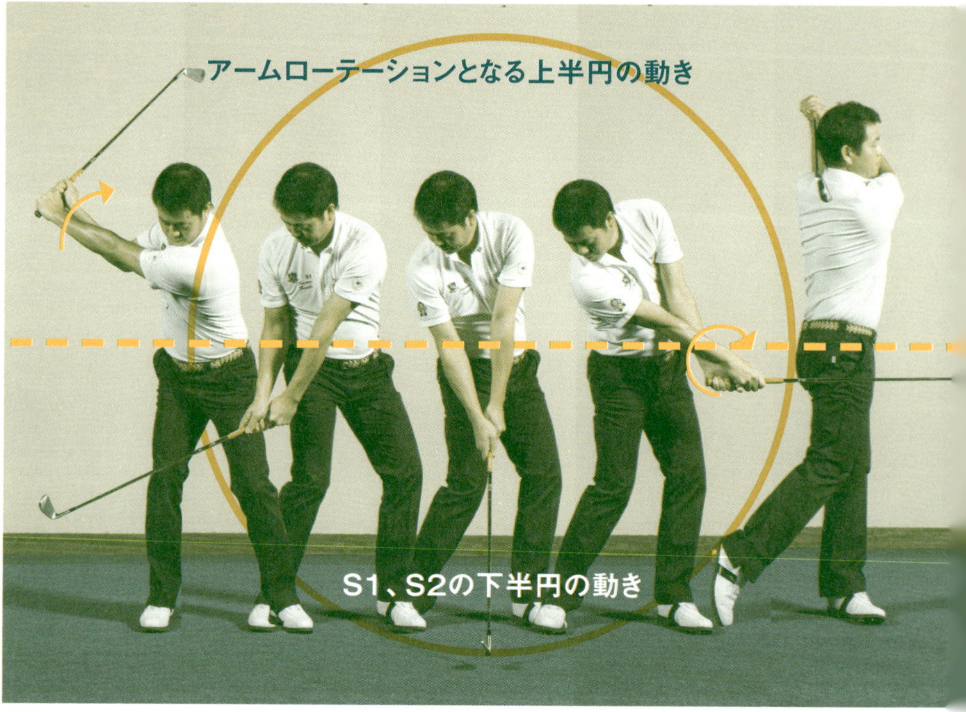

常識の誤解

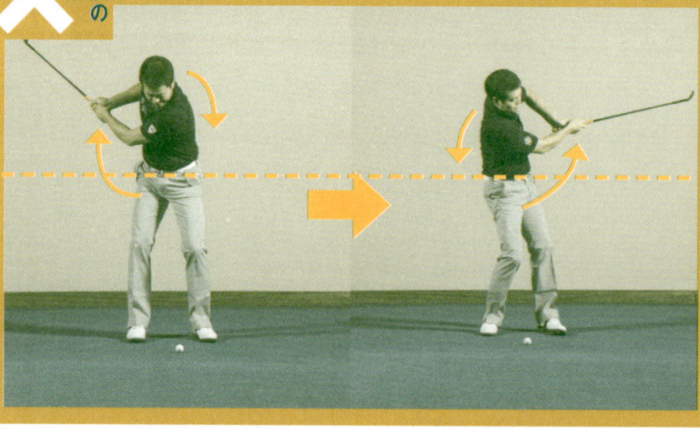

体の後ろ側となる上半円になったときに、ボディターンしてしまうと、バックスイング時に右脇が開きフォロー時に左脇が開く、よく見るNGスイングになる。また、ボディターンのみでフルスイングすると、ボールが右に出てスライスして飛ばない。どちらも反対の動き方だ。

EXERCISE 1

アームローテーションのみで、低いフック練習

アームローテーションのみでボールを打つと、芯でとらえた左に低いフックになる。それが正しいアームローテーション（手打ち）ができている証拠だ。何度打っても低いフックになるように。

EXERCISE 2

椅子に座って、ティーアップして、手打ち

椅子に座ることで下半身が動かず手打ちしやすくなる。ティーアップして正しいＳ３（手打ち）をすると芯でとらえたフックになる。ボディターンやハンドファーストやフォローで打つと当然ボールに対してロフトがついたクラブは芯が遠ざかり、ティーだけを打ったり芯をはずしたスライスになる。

❶椅子に座り、足を開く。
❷クラブの軌道を邪魔しないように足は、できるだけ後ろにひく。
❸いつもより高めにティーアップする。
❹アームローテーションだけを意識して、手打ちする。

EXERCISE 3

バランスディスクに乗って打つ

バランスディスクに乗り、地面に置いたボールをアームローテーションだけで打つ。下半身や顔を動かさないように注意。傾斜地でブレないアドレスづくりの練習にもなり、下半身強化にもなる。上級向けのドリルだ。体重移動をしてしまうとバランスを崩し、落ちてしまう。

後ろに体重がかかってしまっているダメな例。

EXERCISE 4

卓上でできるアームローテーション

すりこぎ棒など短い棒状のものを用意して左手で持ち、机の上にひじから先をついた状態にする。このとき親指は上方向に立てる(ロングサム)。体を動かさず、左手の前腕だけを使って手に持った棒を左右にローテーションさせる。手首で返そうとせず、前腕の筋肉で返すこと。

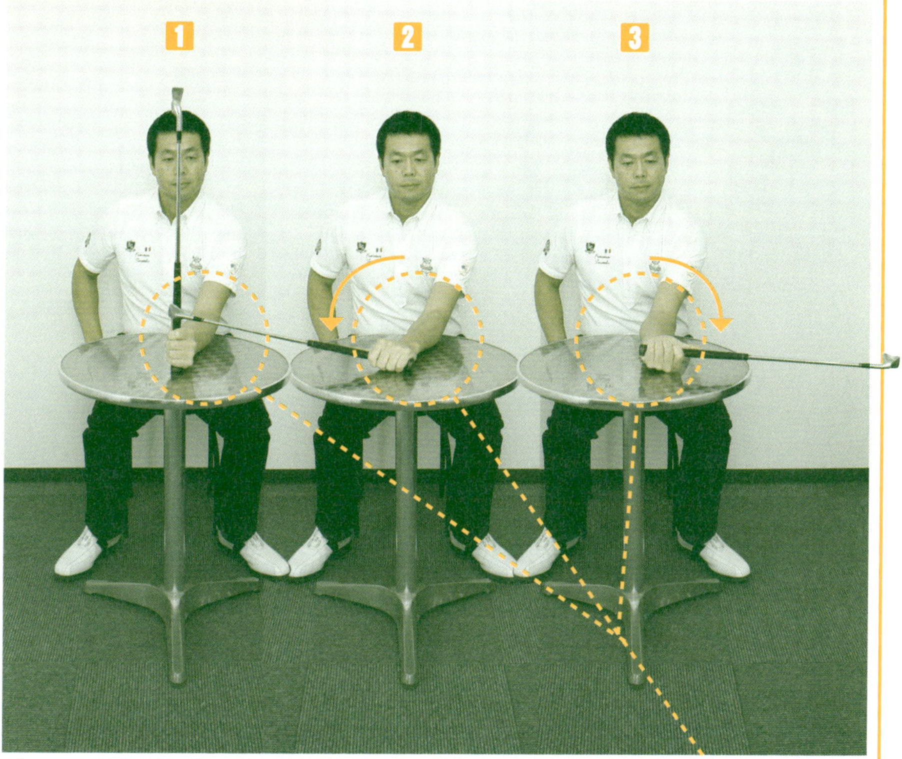

手のひらと手の甲が机に当たるまでしっかりローテーション。

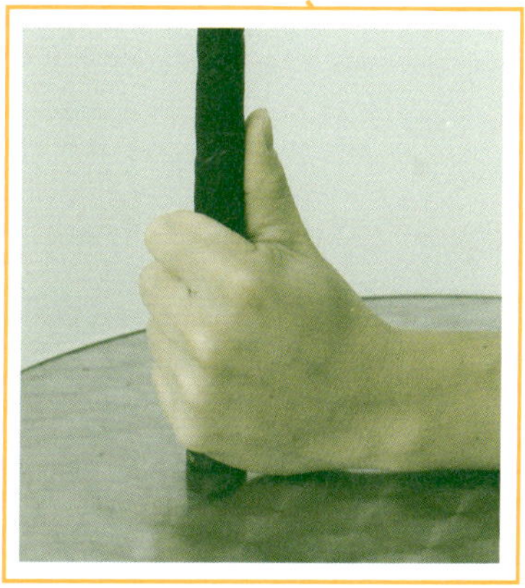

親指は上に伸ばして、手首は90度を保ったまま行う。

EXERCISE 5

「手打ち」の感覚を身に付ける

最初は何も持たず、手のアームローテーションをする。自分の体の中心で手が元の基本形に戻っているのを確認しながら腕を左右に振ってアームローテーションをする。その後に「足の裏」のボディターンを加える。その後、本などを持って同じように練習することで、スイングプレーンをより意識することができる。

❶「手打ち」のアームローテーション（S3→P.78）を思い出して。
❷腕を左右に振ってアームローテーション。
❸スイングプレーンを意識する。

体を前傾させ、本などの平面状のものを使うことで、スイングプレーン上をフェイス面がどのように動くのか、より理解することができる。

No11 フックとスライス

レッスンの内容
1. S2（スライスの要素）
2. S3（フックの要素）のおさらい
3. 手打ち、足の裏

フックとスライスを打ち分けられれば、ストレートが打てる

なぜボールはストレートに飛ぶのでしょうか。それは、スイングにおけるスライスの要素とフックの要素がちょうどいいバランスになっているからです。スライスの要素は「正しいボディターン」（P.54参照）、フックの要素は「正しいアームローテーション」（P.78参照）から生まれます。つまりS2とS3の動きです。この両方のバランスが取れて、初めてストレートになるのです。

また、フルスイングでこの2つを組み合わせて行う順序も大切です。「ボディターン」→「アームローテーション」ではなく、「アームローテーション」→「ボディターン」です。順序を間違えないように僕のレッスンでは「手打ち、足の裏」という覚えやすい言葉にしてリズムよく覚えています。

LESSON 1 S2、S3のおさらい

S2はボディターン、S3はアームローテーション

S2の動きは、「背中」→「足」を意識してボディターンするスイング。ヘッドの可動範囲は、体の前側となる下半円＝9時〜3時までの間。この、S2の動きだけでフルスイングしようとすると、飛ばないスライスになる。

S3の動きは、体の後ろ側となる上半円にクラブヘッドが移動する。このとき、必要なのが、アームローテーション。アームローテーションは下半身を一切動かさないので、「手打ち」を意識して正しく行うと、打球は低いフックになる。S2とS3の動きが組み合わされれば、ストレートになるはずだ。

EXERCISE 1

「手打ち」→「足の裏」の順が重要

動きは必ず「アームローテーション」→「ボディターン」の順で行う。「アームローテーション」—「ボディターン」と唱えるとリズムに乗りにくいので、桑田流レッスンでは「手打ち」—「足の裏」という言葉に置き換えて復唱している。

CHECK1

アームローテーションによる手打ち

CHECK2

惰性でクラブがフィニッシュの位置に来てから、右足の裏を後方に向ける

今までのレッスン法はここが間違い!

「ボディターンしてから、手を返せ」は間違い。いつまでたっても飛ばないスライスの主原因だ。S2→S3の動きをすると、よく見かける“オッチャンスイング”に。

EXERCISE 2

「手打ち」→「足の裏」の間隔を徐々に狭める

スタンスを大きくとり、「手打ち」→「足の裏」をゆっくり行うところから始める。スタンスを徐々に狭めていくと同時に、「手打ち」→「足の裏」の間隔も縮めていく。最初は低いフックだが、だんだんスライス

「手打ち、足の裏」のタイミングが重なると、フックとスライスの調和がとれ、ストレートドローが打てる。

の要素が足されていき、2つの要素がタイミングよく重なったところでストレートに近い球になる。

下半身の回転を先にしてしまえば、スライスになる。

No12 クラブ別イメージ

レッスンの内容
❶クラブの変化
❷打ち方のイメージ

ボール位置が変わっても、打ち方のイメージは変わらない

「クラブが長くなるほど苦手」「クラブが長いほどスライスしやすい」と言う人は多いですが、僕の考え方は逆です。クラブが長くなっても、苦手意識を持つ必要はありません。つねに同じスイングをすればいいのです。

ボールが左に寄っても、スイングの軸は変わりません。どんなクラブになっても、自分を中心とした円を描けばいいのです。あとは、クラブが仕事をしてくれます。

ただし、アドレスで悩まないためには、クラブ変化に伴うボールの位置やスイングプレーンの変化を理解しておく必要があります。アドレスを決めたら、あとはいつも通りのスイングをすればいいのです。

LESSON1
クラブの変化

クラブが長くなるにつれ、ボールは中心より左になる

クラブ変化によるボール位置の変化

クラブが長くなるにつれてスタンスが広くなり、ボールは体から離れて左に寄っていく。

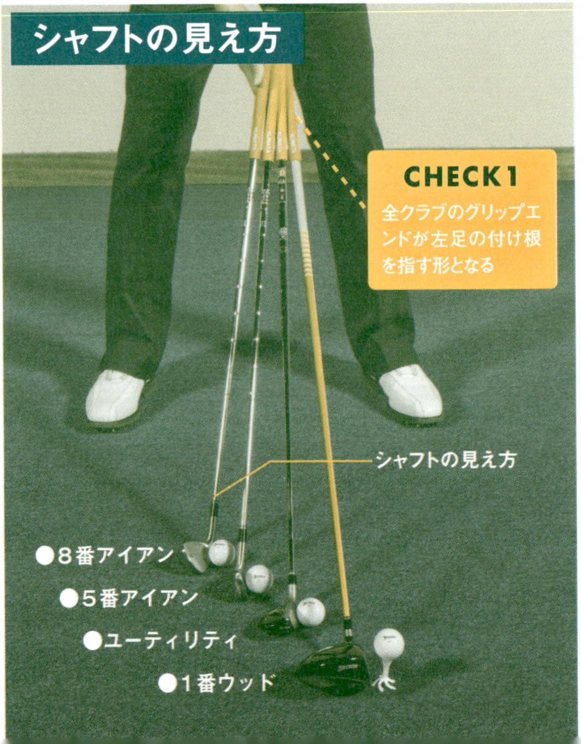

クラブ変化によるスイングプレーンの変化

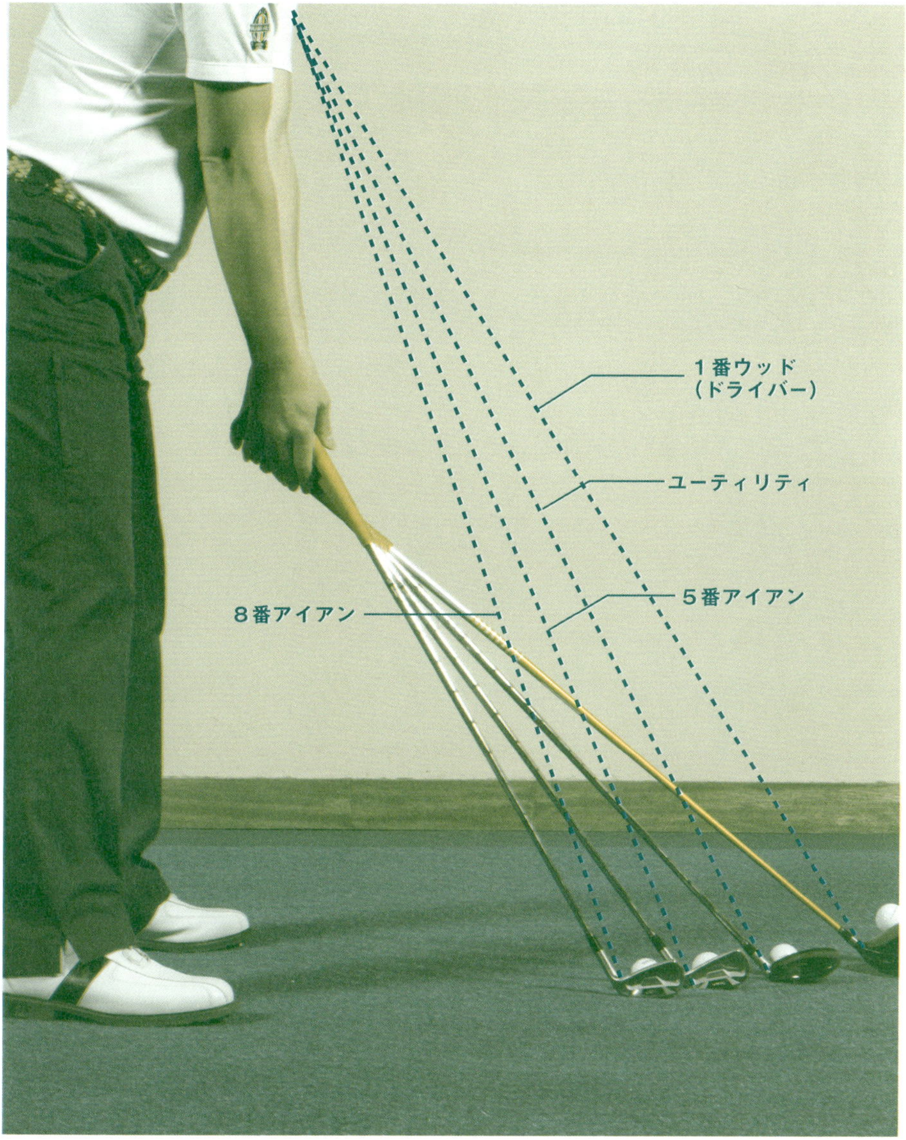

クラブが長くなるほど、体が立ってくるので、スイングプレーンがフラットになるのが自然な状態。そのため、長いクラブを縦に振ろうとすると、窮屈で、伸び上がったようなスイングになってしまうのだ。

LESSON 2

打ち方のイメージ

ボール位置の変化はあっても、自分中心の円を描けばよい

クラブ変化による打ち方のイメージ

背骨を軸にして横振りをすれば、どんなクラブでも同じように打てるはず。ところが、実際に前傾して長いクラブを自分の体の中心で打とうとすると、ダフるようなイメージになってしまうはずです。しかし、それは正しいイメージ。ユーティリティもフェアウェイウッドも、ダフって打つためにソールが滑るようにできています。フェアウェイウッドやドライバーで打つとき、ボールはやや左寄りになるので、ソールが滑り、接地面は長くなるのが自然なことなのです。また、ドライバーのときティーアップするのは、自分が下から入れてアッパーブローに打つためでもありません。背骨の軸を中心にクラブを振る結果、アッパーブローとなるフェースの軌道上にボールを配置しているだけなのです。短いクラブは、ボールが体の中心で、近くにあるので、振りやすいのです。

CHECK
左寄りにティーアップすれば上向きの軌道上（アッパーブロー）にボールが配置される

どんなクラブでも自分の中心でスイングするように心掛けること。それができれば、長いクラブほど、打った直後に顔が残っているように見える。これがいわゆるビハインド・ザ・ボール。

×常識の誤解

ボールをよく見ているため、ボールの横に顔が動いている。
ボールをよく見て打ちに行くと、このようにボールの横に顔が行きやすい。これでは自分とボールの距離が狭く、窮屈になって、膝をのばしたり、体をのばしたり、ひじを曲げたり、肩をすぼめたり…というスイングになってしまう。

桑田流はこれだ!

自分で飛ばそう、上げようとしていませんか? 自分は機械のように同じスイングをするだけです

ゴルフは距離と方向のゲームです。距離はクラブで決まります。方向はアドレスで決まります。けっして自分の力だけで飛ばしているわけではありません。

それなのに、長いクラブを持つと、「よし、飛ばしてやる」と力いっぱい振る人をよく見かけます。しゃくりあげるように打つ人も多いです。

他のスポーツと違い、ゴルフは14本のクラブを、必要に応じて選択することができます。1球ごとに道具を変えられるスポーツなんて、ほかにあるでしょうか。距離を合わせるためには、自分の飛距離に合ったクラブを選択すればいいのです。ゴルファーがやらなければいけない仕事は、その場で軸に対して、正しい回転運動をするだけです。あとはアドレスさえちゃんとしていれば、思い通りの方向へ、思い描いた距離で飛ぶはずです。自分はいつでもどんなクラブを持っても、同じ運動をするだけ。極端に言えば、つねに同じ動きをする機械になればいいのです。

そうです。みなさんは自分で、上げて飛ばして…まっすぐ打とうとして…余計な仕事をしているのです。もっとクラブを信用し、仕事をしてもらいませんか?

あなたも、こんな“オッチャン”スイングになっていませんか?

No13 基本スイングのまとめ

S1ができてS2、S2ができてS3が完成する

ここまで、クォーター理論におけるスイングをS1～S3の３つの動きに分けて解説してきました。ここでもう一度、整理してみましょう。

まず、パターは肩だけのストロークです。その、パターのグリップから普通のグリップに変え、腰の高さより下の半円を上半身だけで振るスイングがS1です。S1は、振り幅の違いで距離が変わってきます。

次に、S1の最大限の振り幅を超えるところからはＳ２です。バックスイングはＳ１と同じですが、ダウンスイングで今度は下半身を回転させてインパクトの形で終わるのがＳ２のストロークとなります。手は使っていません。Ｓ２の動きはフルスイングのときの体の横回転でもあり、大事な動きです。スイングプレーンは、背骨を軸にして横回り。上半身の軸は斜め下に向いているので、軸に対して横に回すと、クラブは少しインサイドに回るようなイメージになります。右腰横でインパクトし、ヘッドの重みで自然にフォローになります。「背中」～「足」、自然にヘッドが出てフォロー。体を横に振るのがS2の動きです。フォローのあと、背骨の角度とリーディングエッジの角度が平行になることが正しい動作の確認ポイントです。

Ｓ３は、体の前となる下半円に加え、後ろ側の上半円が入るフルスイングの動きです。このときに、Ｓ２と同じようにボディターンだけでフルスイングしてしまうと、クラブフェイスが開いたままになり、飛ばないスライスになってしまいます。その結果右ひじが開いてクロスのオーバースイング（トップの位置でクラブが打球方向とクロスしてしまっている）になったり、フォローでも左ひじが開いてしまったりします。そこで大事なのが、アームローテーション。これは、トルクを生かす動きです。体の後ろの半円のときは、肩から肩へ腕だけで動かす動き「手打ち」をすれば、後ろから見たときに、正しいスイングプレーン上に振れています。アームローテーションだけで打つ球は低いフックになります。これがS3の動きです。

Ｓ２の高いスライス、Ｓ３の低いフック、この２つの要素を足せば、まっすぐボールが飛びます。これが、フルスイングです。

スイングの作り方

❶パター
（ショートパット→ロングパット）
❷パットアプローチ、ランニングアプローチ
❸S1アプローチ（約20ヤード以内）
❹S2アプローチ（約30ヤード前後［キャリー］）
❺S3フックの要素
❻フルスイング（S1+S2+S3）

S1：肩を支点とした、上半身の軸回転（上半身だけで左右対称の振り幅）

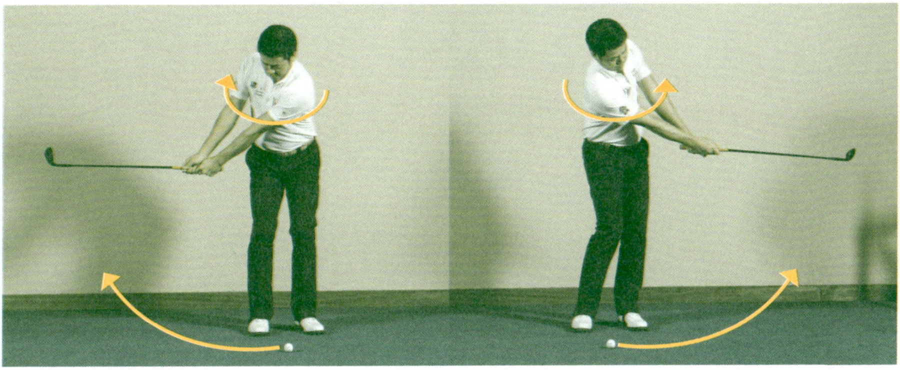

S2：上半身と下半身2つの軸回転（上半身右回り、下半身左回りで下半身リードと捻転差を作る）

S3：アームローテーション（手打ちでフックの要素を加える）

スイングのまとめ「ボールとアドレスの位置」

パット

⇒P15~

パットアプローチ

⇒P38~

Q理論のランニングアプローチ

⇒P43~

ランニングアプローチ

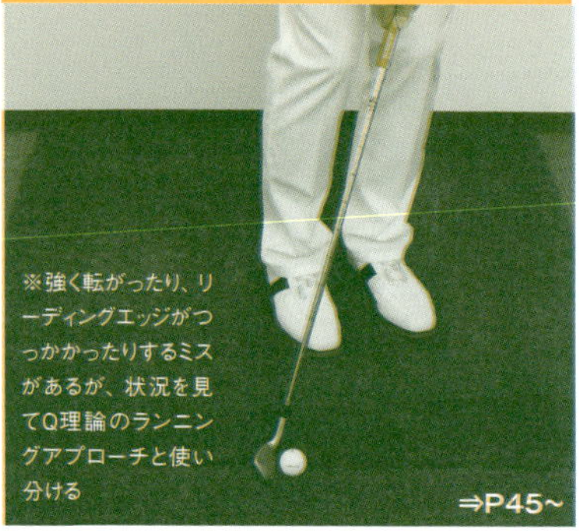

※強く転がったり、リーディングエッジがつっかかったりするミスがあるが、状況を見てQ理論のランニングアプローチと使い分ける

⇒P45~

S1（20ヤード以内のアプローチ）

⇒P47~

S2（30ヤード前後のアプローチ）

⇒P54~

8番アイアン

5番アイアン

3W

ドライバー

スイングまとめチェックリスト

	G（グリップ）	A（アドレス）	P（ボールポジション）	打ち方
ショートパット	手のひらで	ストレート	左目の下	肩だけでストローク
ロングパット	手のひらで	ストレート	左目の下	肩だけでストローク
パットアプローチ	手のひらで	ストレート	中心	肩だけでストローク
ランニングアプローチ	指の付け根で	ややオープン	つま先の真ん中	肩だけでストローク
20ヤード以内のアプローチ	指の付け根で	ややオープン	状況に応じて	S1（上体だけのボディターン）
30ヤード前後のアプローチ	指の付け根で	ややオープン	状況に応じて	S2（上半身右回り90度→下半身左回り90度）の軸回転
フルスイング	指の付け根で	状況に応じて ストレート	状況に応じて	S3（アームローテーション）＋ S2（ボディーターン）

No14 スイングプレーン&フェイスコントロール

レッスンの内容
❶スイングプレーンとフェイスコントロール
❷7ポイント

スイングプレーン上でフェイスの向きをコントロールする

野球やテニスとは違い、ゴルフはつねに静止したボールを打ちますが球技であることに違いはありません。スイングにおける「まっすぐ」の意味を考えるときには、つねに円運動の中で考えなければなりません。クラブを持ってスイングするとき、クラブヘッドが円（＝スイングプレーン）の上をきれいに移動するのが正しいスイングです。そして、正確なショットのためには、さらにスイングプレーン上でフェイスの向きをコントロールする必要があるのです。どんなにきれいなスイングプレーンを作っても、フェイスの向きが正しくなければボールはまっすぐ飛びません。また、逆にフェイスの向きが正しくても、スイングプレーンが歪んでいたり、スイングプレーンにのっていなかったりすれば、まっすぐ飛びません。

スイングプレーンとフェイスコントロール、両方が同時に正しい動きをして初めて、ボールがまっすぐ飛ぶのです。

LESSON 1

スイングプレーンとフェイスコントロール

ゴルフスイングを面で考える

スイングプレーンのまっすぐとは、背骨の軸に対して横まわり。ストレートの動きではない。スイングプレーンに対して、フェイスをどう向けるかで、ボールの行き先が決まる。

3つのスイングプレーン。インサイドアウト、ストレート、アウトサイドイン。

目標方向にスクエアなスイングプレーン上に、フェイスの向きを組み合わせたときに、真ん中（最下点）でフェイスが目標に対してまっすぐ向いていれば、ボールはストレートになる。インサイドアウトで、フェイスが閉じて当たると右に出て左に戻ってくるフックボールになる。アウトサイドインでフェイスが開くと、左から右に曲がるスライスになる。

この組み合わせでボールの行方が決まる。もちろん、インサイドアウトでフェイスが開けば、ボールは右へ出て、さらに右に曲がる。アウトサイドインでフェイスが閉じれば、左へ出て、さらに左に曲がる（P150-151参照）。

LESSON 2

7ポイント

スイングプレーン上の7カ所で、フェイスの向きを確認

手は使わず、S1の動きで8時の位置まで。ここでは、背骨とリーディングエッジが斜めの関係で平行を保っている。

S2のボディターンと、S3の前腕のローテーションが同時に行われ、結果、左肩が右足の上にくる。

スイングプレーンはイメージしやすいが、フェイスコントロールはイメージするのが難しい。なぜなら、スイング中はスピードがついてクラブフェイスがなかなか見えないからだ。この7カ所で、ポイントごとのクラブフェイスの向きや位置関係のイメージを頭に入れよう。

下半身を回しながら2のテイクバックの位置に戻ってくる。グリップエンドは右腰に向いている。フェイスはボールに向いている。

S2の下半身の動き。

S3の動き。このとき、頭はまだ残っている。

初めて体が正面を向く。頭もつられて起きてくる。

EXERCISE

7ポイントを スイングで実践

前ページ解説した7ポイントの一連の動きを行ってみると、これまで他で見聞きしてきた一般的なスイングパターンと違っているところに気づくだろう。それは、2のテイクバックと4のダウンスイングの部分のはず。スイングの行きも帰りも、思っていたよりクラブヘッドが体の前にあると感じるのではないだろうか。7ポイントで大事

1 アドレス　2 テイクバック（8時の位置）　3 トップ

なのは、2で８時の位置を通って、4で同じ位置に戻すこと。この２つがゴルフでもっとも大事なクォーター部分の動きだ。さらに、6のフォローから7のフィニッシュにかけても要注意。インパクト後、ボディターン（S2）の動きのままフルスイングしないように気をつけよう。インパクト後は何もしないのが鉄則。Ｓ３の手打ちの動きでヘッドの重みがリリースされるまでしっかりと待つことだ。6ではシャフトは腰の高さまで振り上げられ、足元のライと平行な状態。そのまま自然に引っ張られて、7のフィニッシュになる。７ポイントは自分のスイングチェックになるので、徹底して覚えてほしい。

4 ダウン　5 インパクト　6 フォロー　7 フィニッシュ

COLMUN
4

打ちっ放しでスイング矯正

みなさんの練習を見ていると、『打ちっ放し』の練習場でそのものズバリ、打ちっ放しているだけのように感じます。たしかに、汗を流すほど何百球と打ち込めば、気が晴れるかもしれませんが、それではゴルフは上達しません。むしろ悪いクセを身につけている可能性のほうが高いのです。次から次へとひたすらボールを打つだけでは、練習とはいえません。自分なりの課題を克服したり、新しい技術を習得するために行くのが練習場ではないですか？

普段、『打ちっ放し』のどの位置で練習しているかを聞けば、私はその人がどんな球筋やクセ、さらにはどういう性格なのかがだいたい予想できます。

ここで、みなさんが大好きな『打ちっ放し』でスイングを矯正する利用法を教えましょう。目の反応を利用するのです。

いつも（打球方向を向いて）左端の打席から打つ人は、左の視野が狭いので、広い右側に振ろうとしてインサイドアウトのスイング（ドロー打ち）になりがちです。その逆で、右に壁やネットが迫っている右端が指定席の人は左に振るため、アウトサイドイン（カット打ち）になりやすいものです。これを矯正に応用します。

スライスを直したい人は、1階の左端でスイング練習しましょう。右上の視野が広いので、インサイドアウトのイメージになります。フックを直したい人は、1階の右端へ。しゃくり上げるクセのある人は、2階右端がおすすめです。左下が広いので、左下に振るようになります。また、多くの練習場は、ボールを回収しやすくするために、奥に行くに従って上り坂になっているのに気付いていますか？ それを意識せずに1階席から打つと、ついつい上に上げたくなるので、しゃくりあげるスイングになりやすいのです。

『打ちっ放し』の居場所でわかる「クセ球」 あなたはどこの住人?

❶スライスのひどい人。初心者。❷まっすぐ打ちたいがスライスする初心者。❸フック系、ひっかけの多い人。❻にいる人よりは曲がりが少ない。❹スライス気味だが、❶にいる人よりマシ。❺しゃくり上げ。❻ドローを打ちたいうまい人。だが、だんだんチーピン（麻雀牌の七筒（チーピン）の図案のように左に曲がって、すぐに落ちる球）になる。クセ球を直したいなら、今いる対角線上の位置に行くべきだ。

No15 スイングの安定

正しいスイングを身につけるための3つのエクササイズ

7ポイントでスイングプレーンとフェイスコントロールを確認したら、それを身につける練習をしましょう。ここでは「15秒スイング」「連続打ち」「一本足打法」を紹介します。

1
2
3
4
CHECK1
7つのポイントを必ず通ること
止まることなく一定の速さで

EXERCISE 1

15秒スイング

7ポイント（P.100参照）の一連の動きを、15秒かけて行う。アドレス～フィニッシュまで、7ポイントを必ず通ることに注意しよう。15秒間、止まることなく同じ速さで動くこと。どこかで遅くなったり、速くなったりしないようにする。15秒で1セット、それを1分から2分の間、回数を重ねて練習する。違和感なくスムーズに動けたら、正しいスイングのイメージを身につけたことになる。

EXERCISE 2

連続打ち

体の前に20cmほどの間隔でボールを３つ横に並べる。クラブを左右対称に振って、並べたボールを歩きながら連続で打つ。体の中心を意識して、左右対称にリズムよく歩を進めながら打とう。フォローだけで振った

CHECK
20cmぐらい離してボールを3つセットする

1 アドレスからスタート

り、急いで振ったり、体重移動をして振ったりすると、左右のバランスが崩れて、元の体勢に正しく戻れず、次にミスショットしてしまう。ポイントは、足の動かし方。前のボールを打とうとして、先へ先へと足を進めてしまうと、ボールに近づきすぎて窮屈になる。スケートで滑るように斜め前、斜め前へと動いていくと、ヘッドも同調して自然に振り子のように動ける。3球連続で、同じようなショットを打てるように。

2 右足を右斜め前に出すと同時にバックスイング

3 左足を左斜め前に出してからクラブを振る

4 スケートを滑るようにリズムよく、3球続けて

EXERCISE 3

一本足打法

野球のバッターのように、片足を上げてから打つ練習。正しい体重移動、ヘッドの振り方が体感できる。足を踏み込むのと同時にクラブを振ってしまうと、上半身が突っ込み、体の捻転差が出ない。足を上げたら

1 ティーアップしてドライバーでアドレス

2 左足を上げる

踏み込むのではなく、そっと前へ出して着地。その時、体重は左に移さず、まだ右に残す。そこから一気にスイングした後に左に移すのが正しい体重移動。これは野球もゴルフも同じ。そのほうが距離も出る。この練習では、「下半身から動かす」意味も体感でき、結果的に距離も出ることを実感できる。ただし、この練習は難しいので、ティーアップしてドライバーから始めるとよい。

3 上げた足を下ろす。このとき、体重はまだ右に10：左に0の状態

4 一気にヘッドを左に振る

5 上体が引っ張られて動いた結果、体重が左に10乗る

No16 傾斜からのフルショット（上がり系）

レッスンの内容
❶左足上がり
❷つま先上がり

上がり系はフックしやすい。長いクラブほど曲がりやすいので注意

実際のコースでは、ティーグラウンド以外に平坦な場所はほとんどありません。たとえフェアウェイにボールがあっても、２打目、３打目のショットは何かしら傾斜した状況でのショットとなることが多いものです。傾斜は、大まかにいうと左足上がり、つま先上がり、左足下がり、つま先下がりの４つのパターンが基本となりますが、まずはフックしやすい上がり系（左足上がり、つま先上がり）対処法から説明します。なぜフックしやすいのか、どうしたら正しく打てるかをしっかり頭に入れましょう。

LESSON1 左足上がりの打ち方

距離がロスしやすいので長いクラブを選択

左足上がりの状況判断

（左足が高い位置にある傾斜の場合）

- 左足上がりの傾斜に立つと右足に体重がかかるので、体が後ろに残りクラブフェースが閉じてフックしやすい。
- 右側が下がっているので、ボールに当てやすい。
- 4つの傾斜パターンのうち、もっとも打ちやすい。
- 傾斜なりに立つ場合、ロフトが上を向き本来の番手よりも大きくなる分、思ったほど距離は出ない。高くて止まりやすい球になる。
- ロフトなりに立つ場合、フォローが出にくい。
- 傾斜が強いほど、また長いクラブほど、曲がりが大きくなる。

「左足上がりからのフルショットをロフトなりに立って打つとき」

- ボールがフックしやすいので、右に向いてアドレスをとる。
- 同じ状況のライで素振りをしたときにクラブが地面をこする位置関係を確認し、それに合わせてアドレスする。
- 少し左に体重がかかるように、左足を曲げる。
- フォローがとりにくければ、当てて終わりのイメージで。
- フィニッシュは、左に体重がのったまま。

「左足上がりからのフルショットを傾斜なりに立って打つとき」

- フックしやすいので、右に向いてアドレスをとる。
- 素振りをしたときにクラブが地面をこする位置関係を確認し、それに合わせてアドレスする。
- ロフトが本来の番手以上に上を向くので、長いクラブに持ちかえる。
- ベタ足のまましゃくり上げるイメージで。
- 高いフィニッシュで右に体重が残ったままでOK。
- 高くて止まりやすい球になるので、ランを出したくないときに向いている。

LESSON 2

つま先上がりの打ち方

クラブを短く持ち、ボール位置の確認

つま先上がりの状況判断

（両足のつま先が高い位置にある傾斜の場合）

●つま先上がりの傾斜も左足上がりと同様にかかと側に体重がかかるので、フックしやすい
●自分の足元より高いところにボールがあるので、ダフりやすい。
●まっすぐ打とうとするとシャンクしやすい。

つま先上がりの場合の特徴とスイングイメージ

●ボールが高い位置にある分、クラブを短く持つ。
●フックしやすい分、右を向いてアドレスする。
●似たようなライで素振りをし、地面をこする場所にボールを置く。
●背骨が立てば立つほど、ひっかけるようなつもりで左に振る。

COLMUN
5

「レッスンは風邪薬。治ったら処方はやめる」

「ワンポイントレッスンを！」と求める生徒さんが多いのですが、僕は基本的にワンポイントレッスンは応急処置あるいは対処療法であると思っています。単純なクセならいいのですが、数十年も我流でやってきた人のクセは、ワンポイントで直るようなものではないからです。

レッスンは風邪薬みたいなもの。一時的に症状が軽減しても、患者さんがまた不摂生な生活を繰り返したら、元も子もありません。その「薬」が効くか効かないかは、その人次第なのです。ゴルフの場合、完全回復するための原因療法は反復練習しかありません。

以前、こんなことがありました。何十年もスライスが直らないというAさんにフック系の要素を強めるアドバイスをしたら、あっという間にスライスクセが直りまっすぐ飛びました。本人もとても喜んでくれました。しかしそれから半年ほどたったある日、「先生、今度はフックがひどくなっちゃって困ったよ」と言いに来たのです。

僕からすれば、それは当然のことです。スライスが完全に直ったのに、いつまでもフック系の打ち方ばかり意識して打っていたら、強くフックして当然です。

風邪薬も一緒。風邪はとっくに治っているのに、いつまでも風邪薬を飲んでいたら、体に悪影響を及ぼしかねません。治ったら薬は飲まなくていいのです。反復練習をして技術を身に付けたら、次のステップへ進むべきです。

No17 傾斜からのフルショット（下がり系）

レッスンの内容
❶左足下がり
❷つま先下がり

下がり系はスライスになりやすいので注意

　前ページで説明した上がり系の傾斜に対して、この項では、下がり系（左足下がり、つま先下がり）の対処法を説明します。左足下がりの傾斜は、4つの傾斜パターンのなかでもっとも難しいショットです。状況に応じたイメージやアドレスをしっかり頭に入れておき、コースで慌てないようにしましょう。

　いちばん重要なことは、「平らな場所でない限り、フルスイングはしない」ということ。バランスが崩れない程度を心掛けて打つことです。

LESSON 1 左足下がりの打ち方

傾斜がきついほど、低くスライスしやすい。上げようとせず、左下にフェイス面を振る

左足下がりの状況判断
（左足が低い位置にある傾斜の場合）

●左足下がりの傾斜に立つと左足に体重がかかるので、体が突っ込みクラブフェースが開いてスライスしやすい。
●ボールの手前が高いので、まっすぐ打とうとすると芯に当たりづらく、ダフりやトップをしやすい。
●打つ方向（前）に体重がかかってしまい、上体が突っ込みやすいのでスライスしやすい。
●左が下がれば下がるほど、低い球でスライスしやすい。
●傾斜なりに打つと、ロフトが少し立つので、ボールは低く出てランも出やすい。
●ロフトなりに立って打つと、ボールは高く上がり、それほど転がらない。
●4つの傾斜のなかでもっとも難しい。

「左足下がりからのフルショットをロフトなりに立って打つとき」

●フェイスを目標に向けシャフトを垂直に構える。
●スタンスをオープンにし、右足に少し体重をかけて垂直に立つ。
●手を返さずスタンス方向にボディターンすると高いスライスになる。

「左足下がりからのフルショットを傾斜なりに立って打つとき」

●素振りしてソールが地面をこする位置（右寄り）にボールをセットする。
●傾斜なりに立って構えると、ロフトが立ち、芯がボールに近づく。
●ボールを上げようとするとダフるので、クラブの芯を左下にかぶせるように振り、ボールをつかまえるイメージで打つとスライスせず、まっすぐ低く出て転がる球になる。
●振り終わって右足が一歩前に出るくらいでよい。

LESSON2

つま先下がりの打ち方

下半身を安定させ、バランスを保ったまま手打ちのイメージ

つま先下がりの状況判断

（両足のつま先が低い位置にある傾斜の場合）

- 普通に立つとボールが低い位置にあるため、左右にチョロをしやすい。
- つま先下がりの傾斜はつま先側に体重がかかり、スライスしやすい。

つま先下がりの場合の特徴とスイングイメージ

- ボール位置が自分より下にあるので、大股を開いてひざを曲げ、どっしりと構える。
- 手打ちのイメージで打つと軸がブレず、傾斜によるスライスの要素と手打ちによるフックの要素の手打ちが消しあってまっすぐ打てる。

COLMUN
6

「きれいなボギーでいいじゃないか」

ミスショットをしたとき、「しまったぁ。よし、次のショットで取り返してやる」と思ったら、きっと深みにはまります。たとえば、ミドルホールのティーショットで林に打ち込んだとき、グリーン方向にほんのわずかな隙間を見つけて「あそこから乗せてやる」と思って打てる人が、はたしてどのくらいいると思いますか？　林の中はそもそも打球方向に対して障害が多く、ライも悪いですよね。そういう状況で木の間をすり抜けるショットでショートカットしようと思うこと自体、欲張り過ぎなのです。

僕は、ラウンドレッスンのときに生徒さんが林に打ち込んだら、「ああ、残念ですね。失敗したんだから、代償として、1打払うつもりで次が打ちやすいところに打ってくださいね」と言います。悪いことをしたら謝るのと同じように、失敗をしたら代償を払うのが当然です。どうしてゴルフのミスだけ“なかったこと”にしようとするのでしょうか。僕自身は、林に打ち込んだら「よし、じゃあきれいなボギーにしよう」と考えます。「失敗した分、取り返そう」と欲を出すと、良い結果にならないことを知っているからです。

代償を払ってフェアウェイに出せば、3打目をナイスショットして、寄せワンをとれる可能性があります。2パットになってしまってもボギー。1打ミスしても、すぐに代償を払えば、パーかボギーがとれるのです。失敗しても「きれいなボギーでいいじゃないか」と思えれば、ボギーかパーしかないんです。それに対し、難しいライからの2打目で勝負するのは、果たして･･･？

答えはみなさんが考えてみてください。

No18 飛距離アップ

腕で引っ張らない。スピードを出すのは下半身

「スピードを出して振ってください」と言うと、大抵のアマチュアゴルファーはクラブを目一杯振ります。しかし、ヘッドスピードはそれほど速くならず、飛距離も出ずに、よく曲がります。そういう人は、インパクト後、自分の頭（ヘッド）が振れていて、クラブヘッドが振れていません。腕で引っ張って体が先に前に出ているからです。

プロのスイングは、ゆったり振っているように見えませんか？　実際、プロのスイングはもっとゆったり振っています。しかし、ヘッドスピードは速く、飛距離も充分です。スピードはどこで出すと思いますか? 答えは下半身の回転です。プロのスイングはインパクト後、ヘッド（頭）が後ろで、クラブヘッドが前になっています。車の運転でも、スピードを出したいときにはアクセルを踏んで、ハンドルは切らないはず。アクセルを踏まずにハンドルを回せば、速く走らずに曲がってしまいます。

これまでの間違い!

スイングの際に「腰を回せ」という教え方は間違いです。足を動かさずに腰だけ回そうとしても回らず、上半身が回ってしまう。さらに「腰が回ってない!」と注意され、ますます上半身を回してしまう悪循環になるのはよくあるパターンです。トップの位置から右足の裏全体が後方を向くように下半身を回すと、下から連動して、ひざ、腰の順で動作させることができます。また、背骨を軸に肩を回した後で、足元から回したほうが、大きな捻転差を生んで、ヘッドスピードは速くなります。

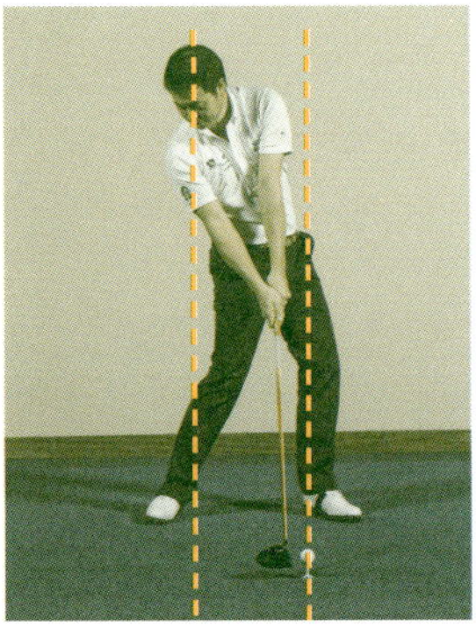

プロはヘッドが後ろでクラブヘッドが前。

常識の誤解

上／足を動かさず腰だけまわそうとすると…

下／アマチュアは頭（ヘッド）や体が振れて、クラブヘッドが振れていない。

EXERCISE 1

スピードの出し方❶

両足の５本指で地面をつかみ、「背中」→「足の裏」を意識する。「上半身、右回り」→「足、左回り」の順で動かせば、スピードが上がる。足の５本指で地面をつかみ、足の裏全体でキュッと回す感覚だ。

1 胸に手を当てる。
2 バックスイングで上半身だけ右に回す。
3 下半身を左に回す。
4 フィニッシュ。

EXERCISE 2

スピードの出し方❷

手をクロスさせてスイングの確認。左右の手で抵抗し合うことで、解放したときのスピードが出ることを体で感じることができるエクササイズだ。

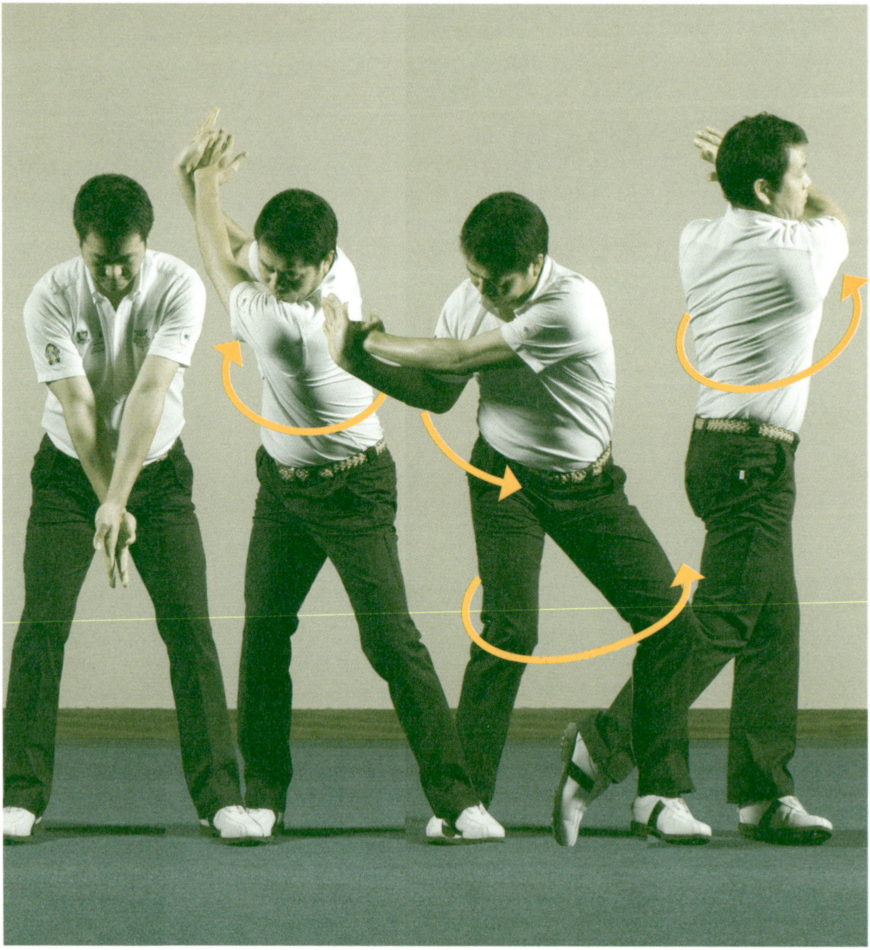

1 右手を下からまわし、両手の甲と甲を合わせるように両腕をクロスする
2 左手で抵抗しながらバックスイングすると、体幹を回すことになる。
3 ダウンスイングのとき、手はそのままのイメージで下半身を左に回すと自然に引っぱられる。右ひじが右体側につくところまで来たら…
4 一気に解放してフィニッシュ!

SPECIAL EXERCISE

「ビッグスインガー」を使い、長いクラブほど右側でゆっくり打つイメージをもつ

47インチの練習用特大アイアン『ビッグスインガー XLアイアン』を使った練習法。シャフトが長いので、ドライバー同様、ティアップしてかかと線上にボールを置く。クラブが長いほど、外周（クラブヘッド）が外側から回転してくる時差を待たないとヘッドが振れないし、ボールはつかまらない。世の中の理論通り「体重移動して、引きつけて、前で振れ」だと、長いため振り遅れが増幅し、極端なスライスになる。体の右側でゆっくり振れば、シャフトのもっとも外周にあたるクラブヘッドが先に走り芯に当たって飛ぶ。「クラブが長くなればなるほど右側でゆっくり振る」というクセをつけるのに役立つ。ビッグスインガーがなければ、３番アイアンなど長いアイアンをティーアップして打てば､同じ練習になる。ティーは高いほど下をくぐりやすくなるため、難しくなる。

長いクラブほど、右側で手打ちする。女性用ドライバーなど、柔らかいシャフトのクラブを用いて「しなり戻り」で打つ感覚をつかむのもよい。

振り遅れると、芯が遠ざかる。

SPECIAL EXERCISE

「パワースインガー」でゆったり大きく振る

シャフトの先にダーツのフライト部を大きくしたような羽根がついた「パワースインガー」という器具を使った練習。「パワースインガー」は、正しいスイングをすると風の抵抗を受けて重くなるので、結果的に大きくゆったりとスイングする練習になる。音のイメージは「ブワーンッ」という感じ。

※「パワースインガー」は市販品です。

正しいスイングすると、ゆったり大きく振れる。

グリップエンドを引きつけて腰から先に回転すると、風が抜けてしまうため、ブワーンッとした大きなスイングにならない。

COLMUN

7

あなたの平均スコアは？

「いくつくらいで回るの？」。

自分の平均スコアを答えるとき、みなさんはどう答えていますか？ まさか、ベストスコアを答えたりしていないですよね（笑）。僕は生徒さんに「ワーストスコアが自分の実力ですよ」と言っています。

プロでも調子の悪い日はありますし、18ホールずっとパターが合わない日もあります。しかし、調子が悪いなかで、なんとか崩さずにプレーできるからプロなのです。たとえば僕は良い時で72前後で回りますが、調子が悪ければ80近く叩くこともあります。80を超えることはそう多くはありませんが、これをもし厳密に計算したら、平均スコアは76くらいになると思います。

僕は生徒さんにはいつも「コースに出たらあきらめろ」と言っています。練習でやってきたこと以上のパフォーマンスは望むな、ということです。すべてのショットが練習通りに100%やれたら、もちろんそれは最高です。奇跡に近いといっていいでしょう。なぜなら、普通はコースに出たら、気温や風、傾斜やトラップ、雑念などで練習場そのままの状況などあり得ないからです。練習時の50%の力が出せたら御の字でしょう。それなのに、傾斜やバンカーの練習をしてもいないのに、コースに出ていきなり120%のパフォーマンスをしようというのが間違いなのです。

ゴルフに限らず、人は、逆境に追い込まれたときに地が出るものです。苦しいときにどう人に接することができるかでその人が決まります。いつもいいことばかり言っている人でも、余裕がなくなったときに本性が出てしまう。そういうものですよね。ゴルフも一緒です。悪い状況下で、いかに普段通り平然と振る舞えるか――。技術面でもメンタル面でも、己を知ることは重要です。調子が良い時は10回に１回。悪い時のほうが多いのですから、悪いなりに崩さず、なんとかスコアをまとめるのがうまい人です。

第4章●お悩み解決Q&A

Trouble solution Q&A

パターの距離感が合わない、クセで固めてしまったスライス、いつまでたっても上がらないヘッドスピード…などゴルフの悩みは尽きませんよね。

ここでは、レッスンの中で、私が生徒さんからとくによく尋ねられる24個の疑問に回答します。なぜそうなってしまうかという原因分析、そしてその問題やクセを克服するための対処法を１章から３章のクォーター理論に立ち返れるように解説しました。また、その対処法がさらに身につくよう、プラスアルファのドリルを紹介したものもあります。明日のゴルフコンペに備え、気になるところから読み進めてもいいでしょう。ただしこれらは付け焼刃に過ぎません。大切なのは基本中の基本を正しく体で覚えること。

キャリアや練習時間はスコアに決して比例するわけではありません。あなたのゴルフがさらに楽しいものになるよう、この本を役立ててください。

Q1 朝イチのティーショットがうまく打てない

A 失敗して当然。状況に応じて保険をかけてから、軽く振ろう

たとえば野球にしても、布団から起き出たばかりのピッチャーが、いきなり1球目から150キロの速球を投げられると思いますか? どんなスポーツでもプレーの前に入念な準備をし、パフォーマンスが上がってくるまでに多少時間がかかるのは当たり前。朝イチでいきなり難しいクラブから入って、ミスもしない最高のパフォーマンスを発揮しようだなんて、プロでも無理です。そもそも僕たちプロゴルファーは、朝イチのショットで100%うまくやろうとは思っていません。アマチュアこそ、2打目に打てる場所にさえ、球があればいいじゃないかという考えで打つべきです。

技術的な解決策としては、短いクラブを選択すること。どうしてもドライバーを持ちたいのなら、ちょっと短めに持って軽く振ればいいんです。そしてゆったりコンパクトなスイングを心掛けましょう。チョロが出るのはボールを上げようとして逆に頭を叩いているわけですから、いつもよりティーを高めにするなどして、ミスに先手を打つことです。

朝イチでコースに馴染んでいない、体もほぐれていないという、不安を抱え、さらに、みんなに見られている緊張状態で「ちゃんとしよう」「結果を出そう」とすると、もっと自分を追い込むことになります。「失敗してやれ!」でいいんです。

Q2 フェアウェイバンカーからいつもトップする

●参考・復習ページ
S3の手打ちページ…78ページ

A 下半身を動かさず、上体だけで打つべし

フェアウェイバンカーはクリーンに打とうとしてはいけません。クリーンに打てるように打つ前の準備をするのです。フェアウェイバンカーはいつもよりボールを1個分くらい右に置き、足が埋まる分クラブを短く持ちます。足場が悪いので、下半身を動かさずに、上体だけで打てばクリーンに当たります。

Q3 ティーショット以外でも、極端なひっかけ球が出る。

●参考・復習ページ
S2…54ページ
フックとスライス…86ページ

A 手先ではなく、クラブのしなり戻りを利用する

ひっかけ球は、インサイドからクラブを入れることを意識するあまり、クラブフェイスが寝たまま降りてくるところにそもそもの原因があります。フェイスが寝たままだと振り遅れてスライスするので、それを避けるためにインパクトの直前になって急に手を返してしまうため、ひっかけになるのです。チーピンも同じ理由です。最後につじつまを合わせようとした結果です。

物を吊り下げるフックの形を思い浮かべてください。下から上へ急激に反り返っていますね。ひっかけるから「フック」です。クラブが上から入るとスライス。それをそのまま打てばスライス球ですが、手を返して引っ張ると、フックになります。また、急に手をひっくり返すとチーピンになります。

ではどうしたらいいか。インテンショナルスライス(故意に打つスライス)を打つ練習もあるのですが、上級者向けのテクニックが必要です。ひっかけに悩む初心者のみなさんは、まずはスライスの要素を思い出してください。クラブのしなりを使ったボディターンが高いスライスを生みます。手首でコントロールしようとすると、つかまりすぎて極端なひっかけ球になる確率が高まるので、下半身の回転を利用した「しなり戻り」で球をとらえることです。

また、打ちっ放しで2階の右打席から打つと、スライス系の球筋が自然に身につきます。→P.104コラム参照

Q4 下りのパットの距離感が合わない。フックラインのパットが苦手

●参考・復習ページ
ロングパット…24ページ
ブレイクライン…30ページ

A 仮想カップに止まるように打つイメージを

フックもスライスも、実は原因は一緒です。意識がカップにあると、どうしてもラインに集中できません。打つ前にラインを読んで仮想カップを定め、そこを見ながら素振りをすることで距離感を体に覚えさせます。また、下りだからといって、パッティングを緩めるのも禁物。自分の素振りを信じて、本カップは忘れて仮想カップに打つのみです。

Q5 フェアウェイウッドがうまく打てない。チョロばかり出る

●参考・復習ページ
「ダフれ!」の真相…36ページ
クラブ別イメージ…90ページ

A ボールの手前の目印ごと、ダフって打つ練習を

チョロするのはボールの頭を叩いているから。フェアウェイウッドでトップしてしまう人はとても多いですね。それはボールを直接打とうとして、体より前でクラブを振ってしまっているからです。

クラブをよく見てください。フェアウェイウッド、ユーティリティはソールが広くなっていませんか? これはつまりダフらせてよいクラブであり、滑ってからボールに当たればいいクラブであることを示しているのです。もっと言えば、ダフったときに芯に当たるように設計されたクラブでもあります。自分の体の中心を見てクラブを振り、迷わずダフらせてください。練習場では、ボールの手前５～10cmのところ（＝体の中心より手前）に葉っぱや糸くずなどの柔らかいものを目印にして置き、それごと打つ練習を。

ボールの手前10センチくらいのところに葉っぱや糸くずなどの柔らかい目印を置き、目印ごと打つ

ダウンブローで打とうとすると、体が左に流れてハンドファーストの度合いが強まってしまう。これではリーディングエッジが先に地面につっかかってしまう

Q6　ラフに負けて球が右に出てしまう

A　ラフに負けないクラブ選択を

この答えはシンプル。解決策は「ラフに負けないように打つ」、それだけです。

と言っても、実は、ラフの状況に対して負けないように打つためには、上級者向けのテクニックが必要です。まずは、一般的なアマチュアに多い、根本的な考え方の間違いを正すことから始めましょう。

アマチュアは、つねにピンまでの距離、ピンの方向を気にしています。なんでもかんでも距離のままクラブを選んでいると、ラフに負けてボールが右に出るのは当然なのです。ラフからのショットは距離や方向が計算しにくいのですから、次に計算しやすいところに置くことを最優先に考えるべきです。今の状況を脱する確率を考えれば、「ラフに負けそうなクラブは握らない」という選択肢だってあるわけです。「無理かな、負けそうかな」と少しでも思ったら、クラブを短くするのはとても重要なセオリーです。短いクラブのほうがヘッドが重く、球がつかまりやすいので、ラフに勝つ確率は上がります。グリーンには届かなくても短いクラブで確実にフェアウェイに出して、次のショットでグリーンを狙う。どうです? ラフからラフへ渡り歩くよりずっといい気がしませんか？

言うまでもありませんが、コース上はラフがほとんどを占めています。それを考えないと、結局チョロが続いたり、大叩きしたりする原因にもなります。そんな経験が思い当たる人も多いのではないでしょうか。

ラフにも、順目・逆目があります。状況を見て、同じ条件で素振りをしてみて考えること。逆目のラフならなおさら難しい技術が必要ですから、アマチュアならまずフェアウェイに戻すことを優先すべき！ なにもつねに最寄りのフェアウェイに出さなければいけないわけではありませんよ。フェアウェイウッドがダメ、5番アイアンでもダメ……となっていって、これなら大丈夫だろうという9番アイアンで出せる距離のフェアウェイを狙うわけです。それが結果的にとても近いフェアウェイでした、ということも場合によってはある訳です。

次に、ラフからの打ち方の基本です。まずはロフトを作ること。転がしたければ右か真ん中、止めたかったら左にボールを置き、狙いに適したロフトを作ります。要はバンカーと一緒です。ネックに芝が絡むとフックするので、同じ状況で素振りしてつっかかるなと感じたら、開いて打てばちょうどまっすぐです。女性なら、フェイスを閉じて芝に負けて、ちょうどまっすぐ。このあたりは個人差もあるので、自分に合った調整の幅を身につけていくしかありません。

Q7 あごの高いバンカーから なかなか出せない

A 自分でボールを上げようとしないこと。左下に振れば、ロフトが球を上げてくれる

バンカーのあごが高いとき、そしてあごに近いときは、自分でボールを上げようとしがちです。しかし、自分でボールを上げようとすると、ボールは下がります。上がらない状況を見ると、もっと上げようとするので、ますます上がらなくなるのです。ボールは本来、自分ではなくクラブのロフトで上がるのですから、高さが高い分、ロフトを開けばいいのです。

また、ハンドファーストにしている人もいますが、それではバンスを使えません。バンカーからの脱出は、バンスを使って砂を爆発させるものです。

ポイントとしては、①あごの高さを超えるロフトを作ってやる。②バンスを使うためにハンドファーストにしない。③ウェッジは重いものを使う。この３点に注意すれば、あとはいつも通り、スタンス方向にヘッドを振ればいいのです。上に上げようとせず、左下に打つのがポイントです。

また、バンカーの砂がすごく硬いときは、反動でバンスが弾かれてしまうので、バンス角の少ないアプローチウェッジやピッチングウェッジを使うのも手です。あとはロフトが上げてくれます。オープンフェイスにオープンスタンスだと、ボールは自分の中心の右にありNG。よく「打ち込め！」という表現が使われますが、打ち込もうとすると手が先に動きロフトが立つので、出るわけがありません。「打ち込め」という言葉は誤解のもとです。

■バンカーショットの基本

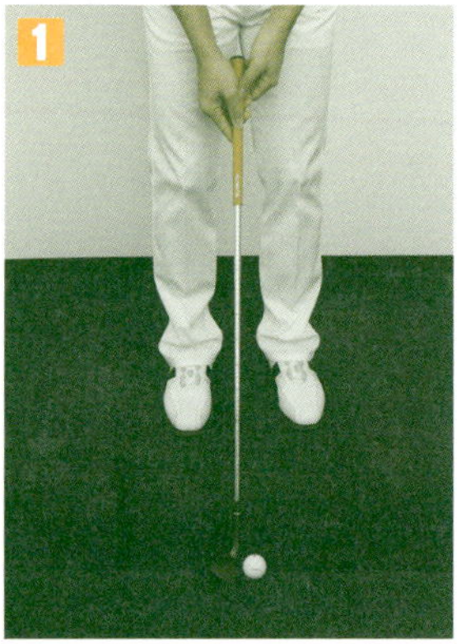

アドレス

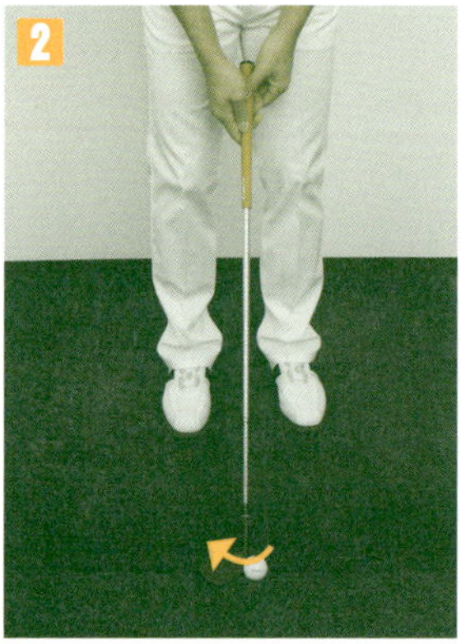

フェイスを右に開く

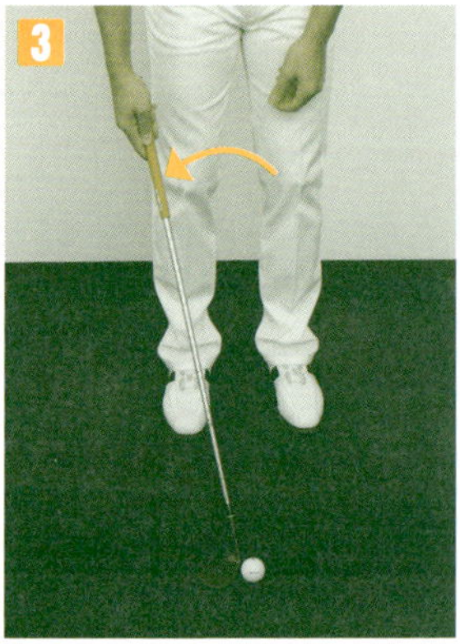

シャフトを右に倒す

円の中心にボールがあるとして、シャフトに対して直角になるように、ボールを中心として自分も右に回る

スタンス方向にヘッドを振る

フォロー

Q8 バンカーからホームランになってしまう

●参考・復習ページ
「ダフれ!」の真相…36ページ

A フェアウェイ以上に「ダフれ!」

ホームランの原因は、ダフろうと思って振った結果、直接芯に当たってしまうからです。これは反面、フェアウェイでも「ダフれ！」が正解だという僕の指導の根拠を示してもいます。ならば、バンカーは、「もっとダフれ！」が正解。

ハンドファーストで打ち込もうとすると手が前に出るので、ロフトが立って、実際には直接当たって飛んでしまいます。

フェアウェイでのダフりが5cm後ろだったら、バンカーは10cm後ろからにすればいいのです。

通説の「目玉焼きの黄身だけを削げ！」ではなく、ボールが黄身だとしたら周りの白身ごと飛ばすイメージで打てばOKです。ハンドファーストではなく、“ハンドバック”のほうがやさしくバンスが使えます。ハンドバックにするためには自分が遅れること。そして、クラブヘッドを先に振ることです。

Q9 10ヤード以内のアプローチでよくダフる

●参考・復習ページ
パットアプローチ…38ページ
ランニングアプローチ…42ページ
20ヤード以内のアプローチ…46ページ

A 緩める動きは失敗のもと。ダフらせるイメージで予定通り振る

基本的には、ひざを送ってハンドファーストで打とうとすると、トップやダフりになります。よく言われる「赤道の下にリーディングエッジを入れて」の意識でスイングすると、これもトップになります。それを見て「これではいけない」と思うと、今度はハンドファーストで手を前に出し、クラブが振り遅れてリーディングエッジが後ろで突っかかって、ダフりになります。短い距離のアプローチは、遠くからのアプローチに比べ、「もっと寄せたい」という気持ちが、どうしても強くなりがちです。距離が短ければ短いほど、自分の気持ちが先にいくので、上体が突っ込み、ヘッドが遅れるのです。

また、短いアプローチだと強く打ってはいけないと思い込んでいる人が多いようです。それは、普段フルスイングしか練習していない弊害です。そういう人は、振り幅の加減で自分の飛距離がどう変わるかを知りません。だから、アプローチでスイングの勢いを緩めてしまうのです。

ゴルフのショットに「緩める」ということはありません。緩めるということは、逆にブレーキをかけている訳ですから、本来力んではいけないどこかに力を入れているはずです。距離は振り幅の問題なのに、自分の腕力や小手先でスピードを変えようとするから、毎回安定しないのです。

緩めずに繊細なアプローチをするには、ダフってもいいパットアプローチや、クォーター理論のランニングアプローチが最適です。

緩めようとすると、体が上下したり、ちゃっくり、ダフりにつながる

Q10 パターの距離感が合わず、極端なオーバーやショートになる

●参考・復習ページ
ロングパット…24ページ

A スタートまでに十分な練習を。コースに出たらあきらめて

原因は、練習不足以外にありません。パットは練習量で大きく結果が変わるものです。すべてのクラブのなかで、もっとも結果を変えられると言ってもよいかもしれません。距離の合わない人はもしかして、下を向いて素振りしていませんか。距離感がつかみにくい人の多くは、カップの位置を確認したあと、ボールを見ながら一生懸命素振りをしています。それでは何回素振りをしても距離感は合わないでしょう。極端なオーバーやショートになるのは、目からの情報を生かしていないからです。

たとえばバスケットボールをゴールに入れるとき、ゴールを見てボールを投げませんか？ ゴミ箱にゴミを投げ入れるとき、手元のゴミをじっと見て投げる人がいますか? それと同じです。カップに入れるイメージを持つためには、カップを見て素振りをし、その感覚を体で覚えてから、実際にボールを打てばいいのです。そうすれば、大きく距離がずれることはありません。それでも「今日は合わないな」という日は誰にでもあります。そういう日はあきらめることです。練習をしっかりやっていても合わなければ、仕方ありません。「1パットで決めなくていい。全部2パットでOK」と思うことも戦略です。

Q11 短いパットほど怖い

●参考・復習ページ
ショートパット…14ページ

A 振り幅を決めてアドレスしたら、あきらめる

カップまでの距離が短いと、「失敗したくない」という思いが強くなります。フォローをまっすぐ出そうと意識するのも失敗の原因です。まっすぐに振ろうとすればするほど、クラブではなく顔や体が動くものです。また、打つ瞬間に緩んだり、フォローを出していない可能性があります。いずれにしても正しいストロークをやりきっていないのが原因。素振りで振り幅を決め、アドレスしたら、余計なことは考えずやりきるだけ。打つ前に結果は決まっているのだから、構えたらあきらめる。それがゴルフです。

Q12 いつまでたっても90が切れない

●参考・復習ページ
パットの極意…10ページ
ショートパット…14ページ
ロングパット…24ページ
アプローチの極意…34ページ
パットアプローチ…38ページ
ランニングアプローチ…42ページ
20ヤード以内のアプローチ…46ページ
30ヤード前後のアプローチ…54ページ

A ショートゲームを上達させてスコアアップを

ゴルフは数十年も続けていれば慣れてきて、誰でも90まではいきます。ただしその先は、ショートゲームの基本を正しく身につけていない人には無理な話です。ショートゲームを克服できないがために、OBのない日ですら90を超えてしまうのです。また、フルスイングの練習ばかりやっていても進歩は望めません。もし、フルスイングが素晴らしくても、他がダメならやはりスコアは90まで。90を切りたいからといって、ドライバーをあと10ヤード伸ばせるようになったところでスコアは縮まりません。さらに言えば、レギュラーティーで90を切れない人は、レディースティーから打ってもきっと90止まりでしょう。スコアを縮めるカギは、なんといってもショートゲーム。パターとアプローチだけでスコア全体の60%以上を占めるのですから、その練習をすべきです。

Q13 アプローチのスピンショットが打てない

●参考・復習ページ
S1…48ページ

A クラブフェイスの溝を長く使えば、スピン量が増える

原因は２つ考えられます。１つは、まっすぐ構えてまっすぐ打ったから、低く転がる球になった。2つ目は、自分がフォローで上げようとするからです。

スピンショットは難しくありません。ダフるところでヘッドを左に振るだけ。そうすれば、クラブフェイスの溝を斜めに使うことになり、スピン量が増えて、上がって止まる球になります。

速いグリーンのときは、このアプローチが有効です。

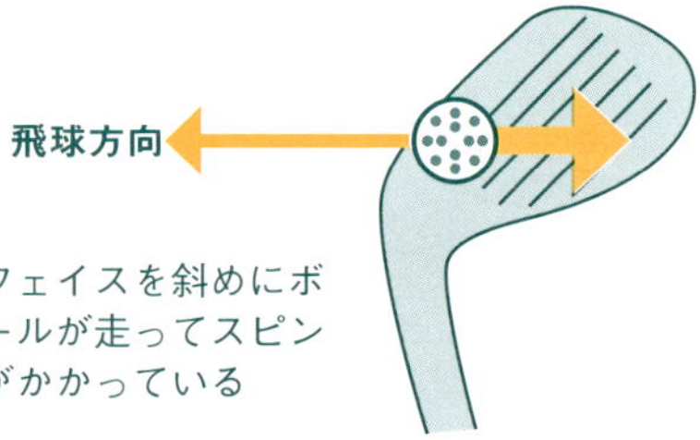

フェイスを斜めにボールが走ってスピンがかかっている

Q14 ショートホールのアイアンティーショットでダフることが多い

●参考・復習ページ
クラブ別イメージ…90ページ

A 1オンを狙わず、外してもいい場所を探せ

原因は明らかです。ティーショットだからと強く打つからでしょう。そしてボールを上げようとするからです。ティーアップが高すぎる可能性もあります。

距離に応じたクラブを持ったら、いつも通り振るだけでいいのです。1打で無理にのせようとせず、「どこに外したらいい」ということを考えましょう。失敗してもアプローチしやすいところに打つのがショットの鉄則です。たとえば、右がOBでピンがグリーン真ん中の場合、「真ん中に行けばいいけれど、左に行ってもいい」という気持ちが大事です。

ショートホールの1打目はミドルホールの2打目と考えると、気がラクになります。ミドルホールの2打目は、ふつう、傾斜があって地面から打つものですから、「平らでティーアップまでできるのだから、ラクじゃん！」と考えればいいのです。

また、ティーアップが高すぎるとしゃくり上げてしまうので、注意が必要です。アイアンショットのティーの高さは「地面よりほんの少し上げる」程度が妥当です。

Q15 ハーフとハーフのスコアのバランスが悪い

A 18ホールの配分でマネージメントすれば、前後半の落差は気にならない

前半が悪いのは、体がほぐれておらず、コースにも慣れていないからでしょう。ただし、午前中の前半があまりに悪いと、午後はあきらめて力が抜け、後半がかえって調子が良くなったりすることもあります。

逆に、前半のスコアがいいと「もしかしたら後半もいいスコアが出るかも！」と力んでダメになることが多いですね。ゴルフがメンタルスポーツだという所以です。

また、日本では途中でランチが入るので、ハーフでの一区切りが比較的影響するのです。スポーツの途中でランチタイムがあるのは、日本のゴルフ場くらいではないでしょうか。

要は、考え方の問題です。前半後半の９ホール×２で考えず、18ホール全体をどうマネージメントするかを考えればいいのです。季節や体調や調子によって18ホールの配分は変わります。６ホール×３とか、3ホール×6で考えたらどうでしょう。６ホールで４オーバーまでならOKとするか、３ホールごとに２オーバー以内に収めようとプレーするのもOKでしょう。

Q16 後半になるとスライス球が出てくる

●参考・復習ページ
アームローテーション…78ページ

A 欲を出さず、体の右側でゆっくり「手打ち」を

後半に入ると、途端にペースが乱れる人がいますね。また、この悩みのように、前半では出なかったスライス、しかもかなり曲がりの大きなスライスが出るようになります。これはある意味当然です。

朝スタートした直後は、体がほぐれていないのでクラブをゆっくり振るため、本人が思っている以上にヘッドスピードが速く、走っている状態になっています。しかし、ゲームが進むにつれて体がほぐれてきて、体がよく回るようになります。一見、良いことのように思えますが、そうではありません。内周(体や腕)が走るようになってくると、外周（クラブヘッド）が遅れてくるのです。

また、ゲームが進んでくると、かけひきをしたり、勝負に出ようとしたり、欲が出ます。欲を出すと、いいことはありません。力むためにヘッドスピードは落ちて飛ばなくなり、トップやダフりが出て、焦れば焦るほど内周ばかりが先行し、ますますフェイスが開いて……という悪循環に陥るだけです。おもしろいことに、たった５球のデータをとってもまったく同じで、最初が良く、打つたびに悪くなっていきます。コツをつかんだつもりが、欲が出てどんどんスライスしていくのです。

体が慣れてきたら、ますます体の右側でゆっくり手打ちをイメージしてください。ヘッドを走らせるためには「手打ち」のイメージです。

Q17 何番で打っても飛距離に差が出ない

●参考・復習ページ
アームローテーション…78ページ

A 「手打ち」を意識すれば、芯に当たって距離の差が出る

　こういう症状は女性に多いようですが、原因は力がないからではありません。芯に当たっていないからです。芯以外の場所で打っても、とりあえず前には飛びますが、それでは飛距離の差は出ないのです。

　ゴルフは芯に当てるのが条件。いくらヘッドスピードが速くても、芯に当てていなければクラブなりの距離は出ません。ロフト角を生かすには、インパクトのときにロフトがロフトなりに立っていなければなりません。トルクを回転させ、トップからロフトをもとの位置に戻す練習、アームローテーションを繰り返し練習しましょう。

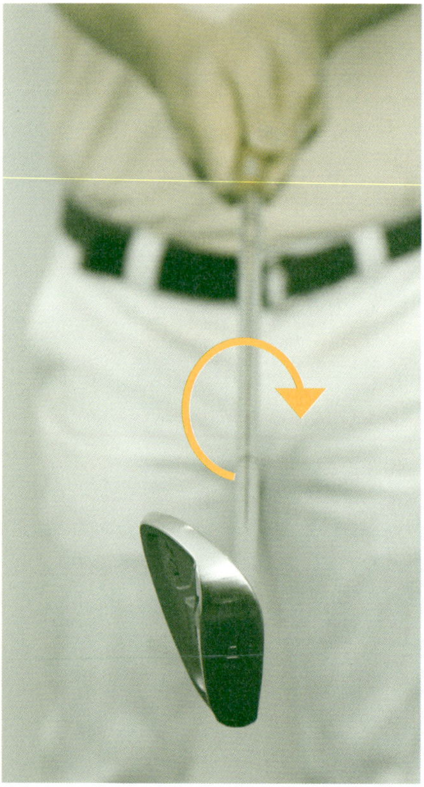

トルクを回転させる。トップからロフトを戻す練習をすることで芯に当てられるようになる。

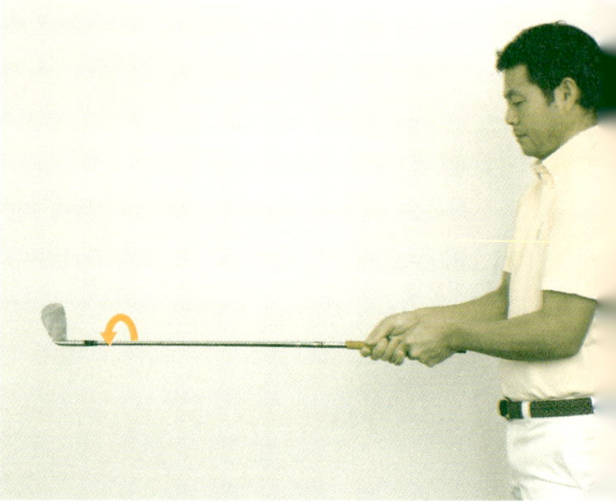

ハンドファーストでボディターンで打つとロフト以上になり、どんなクラブを使っても飛ばない上に、芯は遠ざかる。アームローテーションを使えば芯は近づき、ロフト以下で当たるのでクラブ通り飛ぶようになる。

※ドライバーはティーアップしているのでロフト以上で当たるが、それ以外は地面にあるのでロフト以下で当たるのが正解。

Q18 フェアウェイバンカーからの飛距離が出ない

A シャフトの長さやロフトで距離は違う。長めのクラブを持つのが当たり前

フェアウェイバンカーからのショットは、足が砂に埋まる分クラブを短く持ち、足場が悪いために上体だけで打つのを基本としていますから、平らな練習場で打つよりも10〜20ヤード距離が出なくて当たり前です。

季節や傾斜、その日の調子が違っても、「この距離はこのクラブ！」と決めている人が多いですが、その考え方が間違っています。プロでさえ、シャフトを短く持つ分、1〜2クラブ長めのクラブを持つのですから、アマチュアがそうしないほうがおかしいのです。

実際、長めのクラブほうがロフトが立っているので、その分芯に近づくため当たりやすくなります。

「あれ? 練習場では○ヤード飛ぶのに…」と首をかしげるのではなく、季節や調子によってクラブを変えて当然だという考え方に慣れてください。

Q19 スタート前にコンパクトにできるパット練習法を知りたい

●参考・復習ページ
ショートパット…14ページ
ロングパット…24ページ
ブレイクライン…30ページ

A 情報収集をし、スタート直前には“入る”イメージ作りを

スタート前のパット練習は重要です。その日のグリーンの情報がたくさん収集できるからです。時間があれば、自信がつくまでグリーン練習をするのが理想ですが、なかなかそういうわけにはいきません。ですから、せめてラウンド当日の朝に、最低限やってもらいたいことを教えます。ショートパットとロングパットの練習法の詳細は本書で詳しく紹介していますので、そちらを併せて確認してください。

❶ロングパット5分...そのコースのグリーンのスピードや硬さ、特徴を体に覚えさせる。距離感が合うようになったらOK。

❷ショートパット５分…1.8mくらいのパットで、曲がり方を知る。

❸仕上げ３球...確実に入る距離　(30cmでもいい) から３球連続で入れる。パットが確実に入るイメージを作ってスタート　地点へ。

Q20 スコアが安定しない。いいときと悪いときで20くらいスコアに差が出る

A 使ったクラブをスコアカードに書き出し、苦手クラブを練習すべし

少々きつい言い方かもしれませんが、アベレージが90を越えるレベルはみんな一緒で、スコアを気にする段階ではありません。たまに良かったのは、コースが簡単だった、OBが少なかった程度の理由からです。

いつも70で回る人が90だとしたら、余程の大叩きをしたホールがあって、きっと自覚しているはずです。でも、そういう日は誰にでもあります。むしろ原因が分からない大崩れに悩む人の多くは、「いつも70なのに」と思っているのは本人だけで、過去偶然に出た最高スコア70と比較している可能性があります。

では、実際に90以下でスコアを縮めたい人はどうすればいいでしょう？

答えはショートゲームにあることは、もうおわかりですね。わかりやすい底上げレッスンがあります。あなたが打数を減らすべきクラブをはっきりさせ、そのクラブの練習をすればいいのです。

まず、ラウンド中に使ったクラブをスコアカードに書いてください。たとえば「1W、8I、8I、AW、P、P、P」と。そうすれば一目瞭然で、いちばん打球機会の多いクラブから練習すればいいのです。パターが多いなあと感じたらパターを、次に8番アイアンを。自分が多く使用しているクラブの数を減らせば、スコアは縮まります。それが底上げレッスン。得意クラブばかり練習しても、スコアには結びつきません。

HOLE	HCP	REGUL TEE	PAR					
1	15	338	4	D	8I	AW	P	P
2	9	369	4	D	5W	9I	SW	P P
3	3	537	5	D	3W	7I	SW	P
4	15	156	3	6I	AW	P	P	
5	7	322	4	D	7I	AW	P	P
6	1	410	4	D	5W	9I	SW	P P
7	17	180	3	5U	PW	P	P	P
8	5	511	5	D	3W	7I	SW	P
9	11	407	4	D	5I	AW	P	P

自ずとスコアもわかるので、スコアを書く必然性もない。

D=ドライバー
８Ｉ＝８番アイアン
ＡＷ＝アプローチウェッジ
Ｐ＝パター

Q21 短いアイアンショットが、芝の下をくぐってしまう

A 短いクラブほど、下へ下へと打つ

自分で球を上げようとしていませんか？　もともとロフトが寝ているクラブなのにしゃくり上げようとしても、ボールは前へは飛びません。だるま落としのように、クラブがボールの下をくぐるだけです。運よく当たっても、芯に当たらず飛距離が落ちるか、リーディングエッジにカツンと当たる程度でしょう。速く振ろうとするのも禁物です。

短いクラブで、ロフトが上を向いているものほど、下へ下へと打つこと。そのほうが、ボールが芯に近づくため、当たる確率も上がり、飛びます。クラブを振り上げようとせずに下へ振れば、芯に当たり、あとはロフトが自然にボールを上げてくれます。

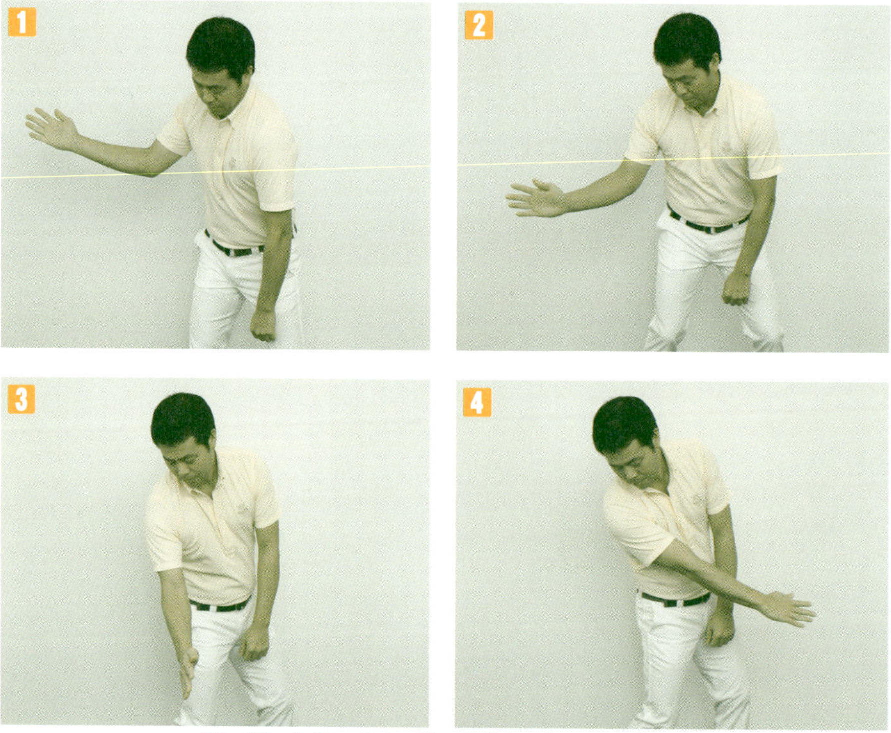

下へ下へと打つイメージ。卓球のラケットで球に回転をかけるイメージで考えるとわかりやすい。

Q22 雨上がりなど、砂が重くなっているバンカーだとボールが上がらない

A 「打ち込もう」と思ってはダメ。砂が重くてもバンスを使って

バンカーはいつもふかふかでさらさらしているとは限りません。そもそも、ゴルファーにとって都合のいいバンカーなどありません。

一般的に、打ちにくいバンカーには2種類あります。「硬いバンカー」と「砂が重いバンカー」です。「硬いバンカー」は、砂が少なくて土のような状態のもの。「砂が重いバンカー」は、雨天や雨上がりなどで水分をたくさん含んでいるものを言います。

どちらも、打ち込もうとするとボールは絶対に上がりません。

砂が重かったら、上からドンとクラブを急に振り下ろすイメージで、バンスに砂を爆発させてもらいます。自分で上げるのではなく、バンスを使ってロフトでボールを上げるのです。

硬いバンカーの場合は、バンスが弾かれてしまうので、バンスを使えません。その場合、フェイスを開いてソールを滑らせ、左に振れば、スピン量が上がるので、ボールが上がります。普通の短いアプローチに近いイメージです。

朝、バンカーの練習ができなかったら、他のプレイヤーがバンカーに入れたときによく見ておくといいでしょう。「今日は重たそうだな」とか「硬い！」と叫んでいるのを聞くのもプレーのうち。自分がバンカーに入れなくても、情報収集はできます。

Q23 スライス一辺倒から脱却したい

A アームローテーションでフックを覚える

ハンドファーストで体とフェイスが開いてインパクト。これではスライスは直らない。

ハンドバックでインパクトのイメージ。

クラブでひざを打たないように足を引いて、腕だけで素振りする。下半身が動かないため手打ちが身につく。

　スライスはアマチュアゴルファーの多くが抱える悩みです。原因は「フェイスが開いているからだ」と気づいている人も多いですね。なのになぜ、いつまでたっても直らないのでしょう。それは、直し方が間違っているからです。

　僕の修正法は簡単です。“フックしか打てない打ち方”を知ってもらうことです。それがアームローテーションです。アームローテーションで下半身を動かさない「手打ち」の方法を覚えましょう。それが正しくできれば、どんな人でもフックしか打てません。そ

●参考・復習ページ
アームローテーション…78ページ

の後、下半身を回す動きを付け足せば、徐々にスライスの要素が混ざり、まっすぐ打てるようになるのです。アームローテーションのやり方は体の正面でクラブを水平にしてから左右に振るだけ。詳しくは79ページにあるので、見てください。

また、どうしても上半身が早く開き、振り遅れてスライスしてしまう場合は、思い切って椅子に座って素振りをしてみてください。下半身を強制的に動かなくするやり方です。すると、腕だけで振ることになり、手打ちの感覚が身につきます。

Q24 ヘッドスピードを上げたい!

A 外周を走らせるために、右側でゆっくり振る

●参考・復習ページ
アームローテーション…78ページ
飛距離アップ…120ページ

「ヘッドスピードを上げたいんです！」という人に限って、クラブヘッドではなく、自分の頭（ヘッド）を振っています。原因は、クラブを腕で速く振ろうとしているからです。腕を右から左へ思いっきり振れば、すぐ上についている頭が動くのは当然です。

クラブを持ったら、クラブと手が一体になって長い手になった感覚を持ちましょう。クラブフェイスが手で、シャフトが前腕、グリップ部分は長い手のひじだと考えればいいのです。ひじ（握っている部分）を速く走らせれば走らせるほど、手のひら（クラブヘッド）は遅れてしまいますよね。

スライスボールが出るうちはヘッドスピードを上げても、意味がありません。スライスを助長して、ますます高く上がり、飛ばなくなるだけだからです。僕のレッスンでは、フックを打てるようになることを先に覚えてもらいます。

まずは、アームローテーションをやってみてください。ボールを打つ前に数回やるだけでずいぶん違うはずです。それができてフックが打てるようになったら、徐々にスライスの要素を足していきます。

ほぼまっすぐ打てるようになるころには、自然にヘッドスピードが上がっています。さらにヘッドスピードを上げたいのであれば、右側でゆっくり振る意識を高めてください。

ゴルフはコントロールが優先。飛距離はその次です。

持ち球を持とう

■9つの球筋

ゴルフの打球は、右の図のように9つの球筋に分けて解説されることがほとんどです。この図をながめて「あ、僕はこの球筋だ」「目標から離れていく球ばかりですね」で終わってはいけません。

一般的にアマチュアゴルファーは「まっすぐ打ちたい」と思って練習していますよね。しかし、プロでも「ストレートボールが持ち球です」という人はあまりいません。つねにまっすぐ打つというのは、本当に難しいのです。ストレートボールは繊細に変化する球筋のうちの、たった1つであることをまずは理解しておきましょう。

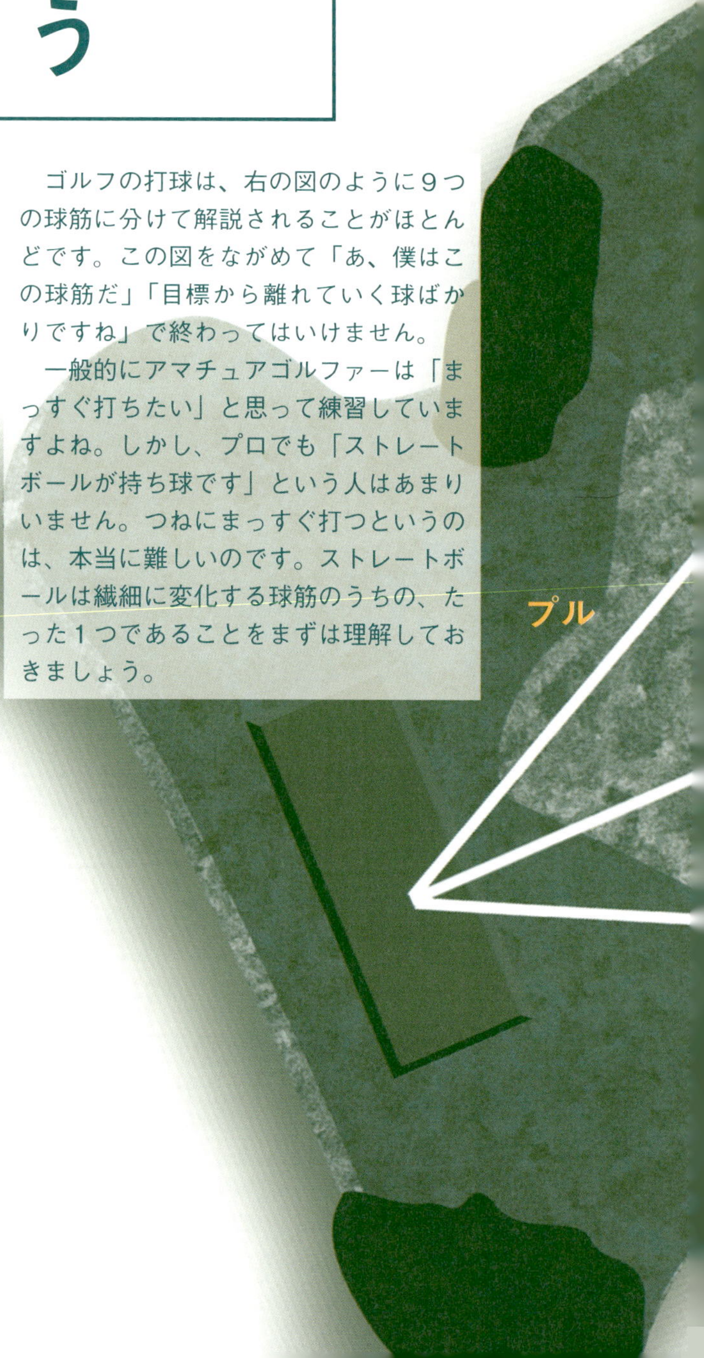

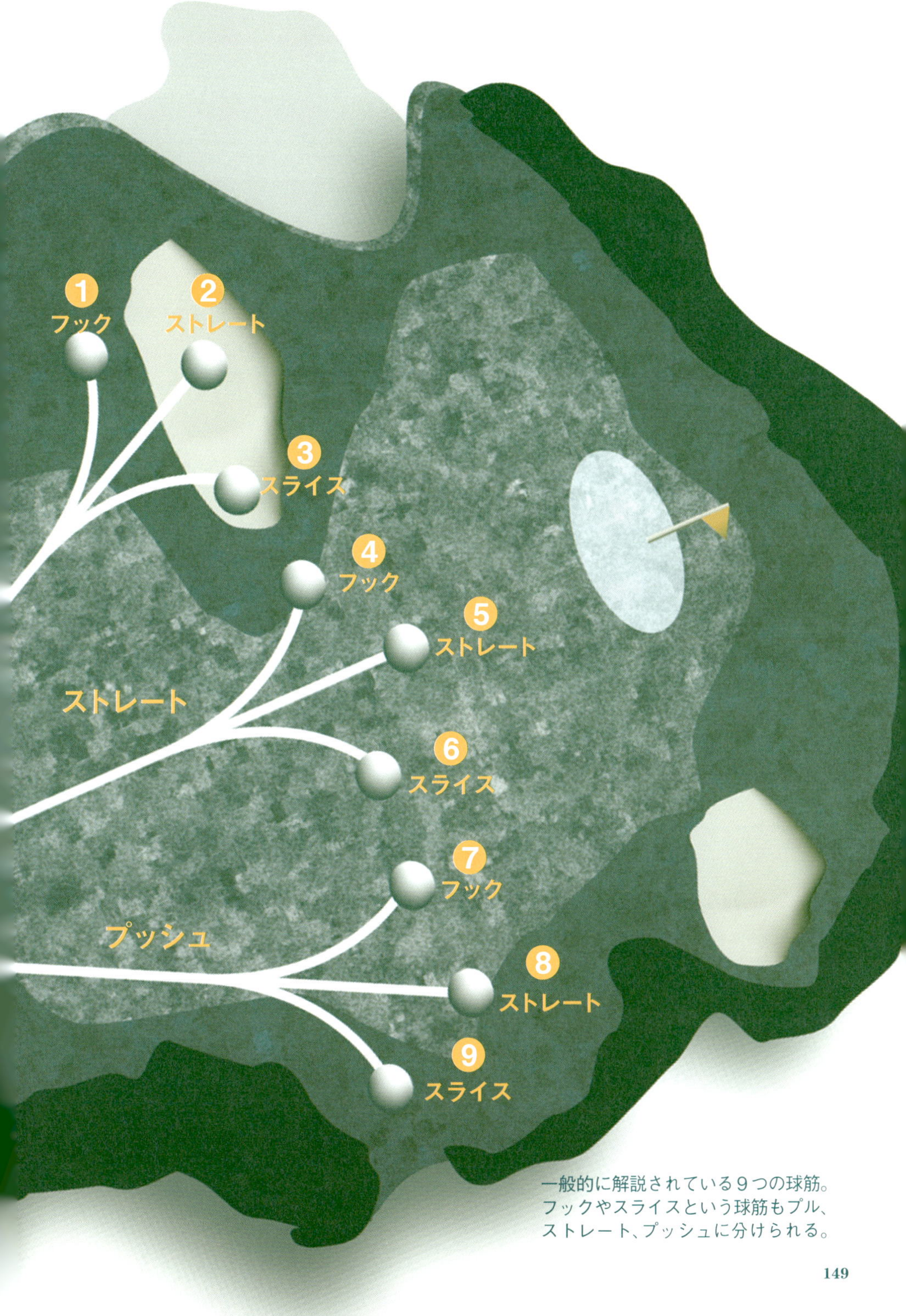

一般的に解説されている９つの球筋。
フックやスライスという球筋もプル、
ストレート、プッシュに分けられる。

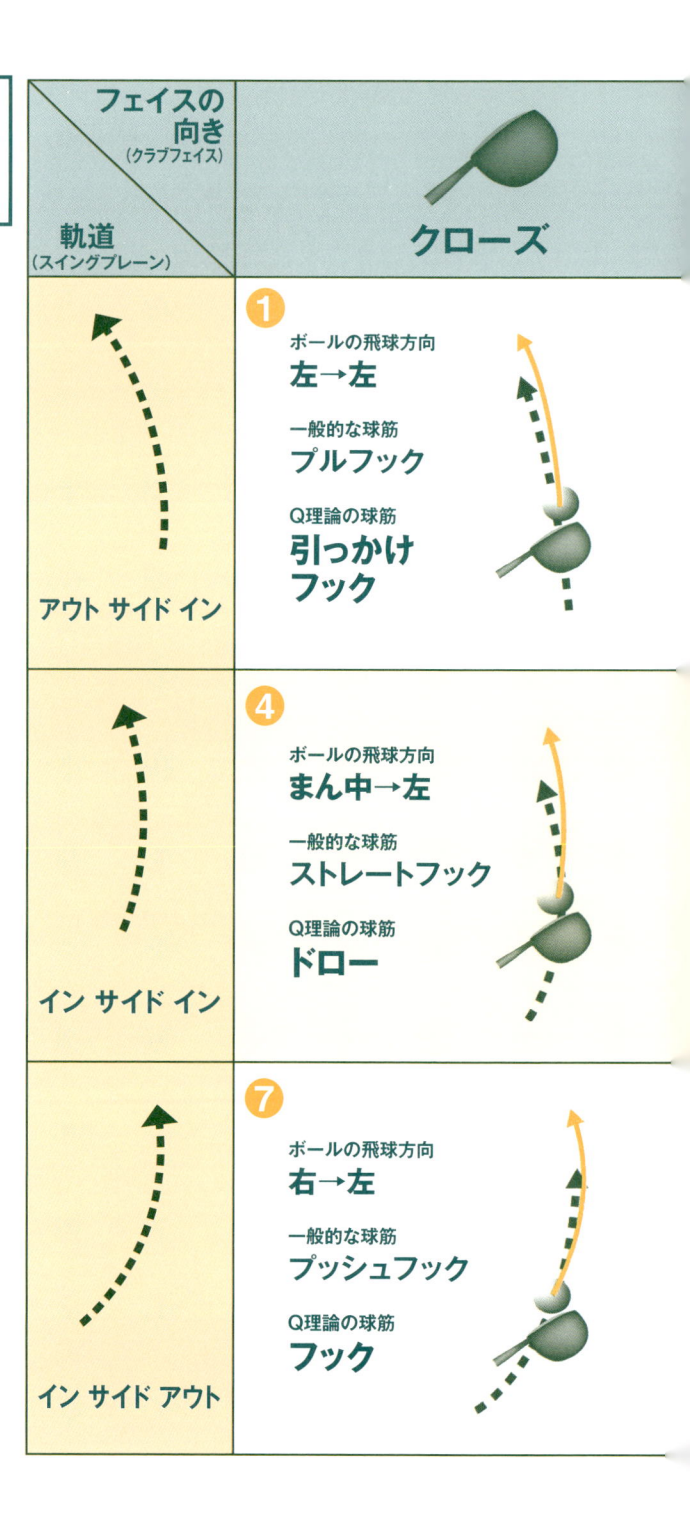

■軌道とクラブフェイスの関係

軌道（スイングプレーン）＼フェイスの向き（クラブフェイス）	クローズ 
 アウト サイド イン	① ボールの飛球方向 **左→左** 一般的な球筋 **プルフック** Q理論の球筋 **引っかけフック** 
 イン サイド イン	④ ボールの飛球方向 **まん中→左** 一般的な球筋 **ストレートフック** Q理論の球筋 **ドロー** 
 イン サイド アウト	⑦ ボールの飛球方向 **右→左** 一般的な球筋 **プッシュフック** Q理論の球筋 **フック** 

 ストレート	 オープン
2 ボールの飛球方向 **左→まん中** 一般的な球筋 **プルストレート** Q理論の球筋 **フェード** 	3 ボールの飛球方向 **左→右** 一般的な球筋 **プルスライス** Q理論の球筋 **スライス** 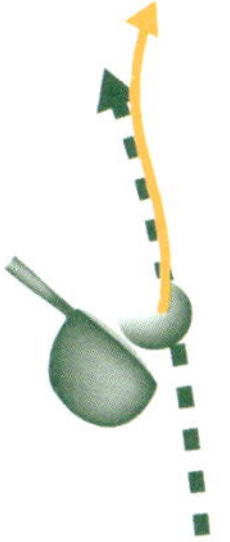
5 ボールの飛球方向 **まん中→まん中** 一般的な球筋 **ストレート** Q理論の球筋 **真っ直ぐ** 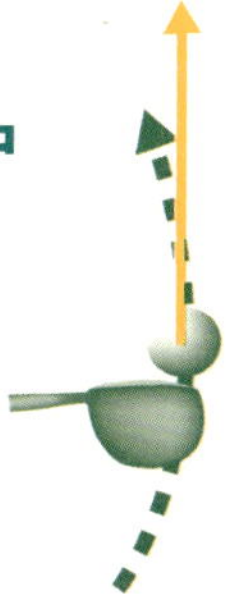	6 ボールの飛球方向 **まん中→右** 一般的な球筋 **ストレートスライス** Q理論の球筋 **フェード** 
8 ボールの飛球方向 **右→まん中** 一般的な球筋 **プッシュストレート** Q理論の球筋 **ドロー** 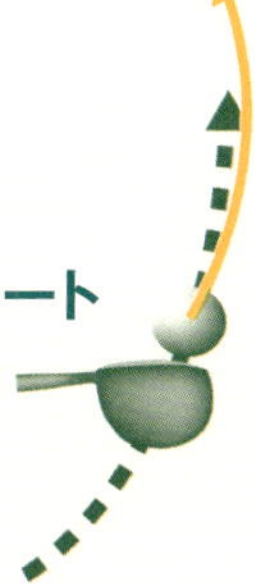	9 ボールの飛球方向 **右→右** 一般的な球筋 **プッシュフライス** Q理論の球筋 **押し出しスライス** 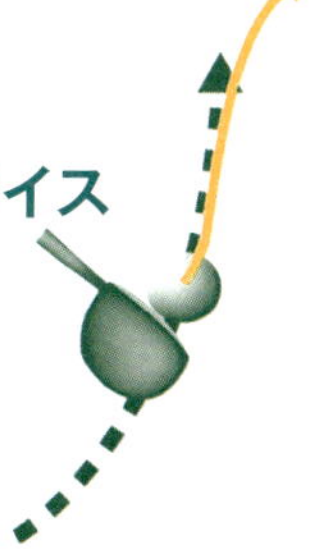

持ち球を持とう

■桑田流5つの球筋

僕はつねづね、解説書などで使用される前述の9つの球筋の絵がしっくりこないなぁと思っていました。ゴルフはターゲットゲームなのに、ほとんどの球筋がターゲットから外れていく絵だからです。では、このページの図を見てください。

シンプルだと思いませんか？　このようにスライスもフックもターゲットに向かっていく球筋だと考えれば、プルフックとプッシュスライス以外の球筋は、すべて有効な持ち球になり得ます。持ち球を作れば、打つ前の意識と準備ですべてが結果的に目標方向へ行くのです。フックに悩む人も、スライスに悩む人も、プルフック（俗称・どフック）やプッシュスライス（俗称・どスライス）にだけ注意すれば、持ち球を生かして目標方向に打つことが可能なのです。要は考え方次第です。

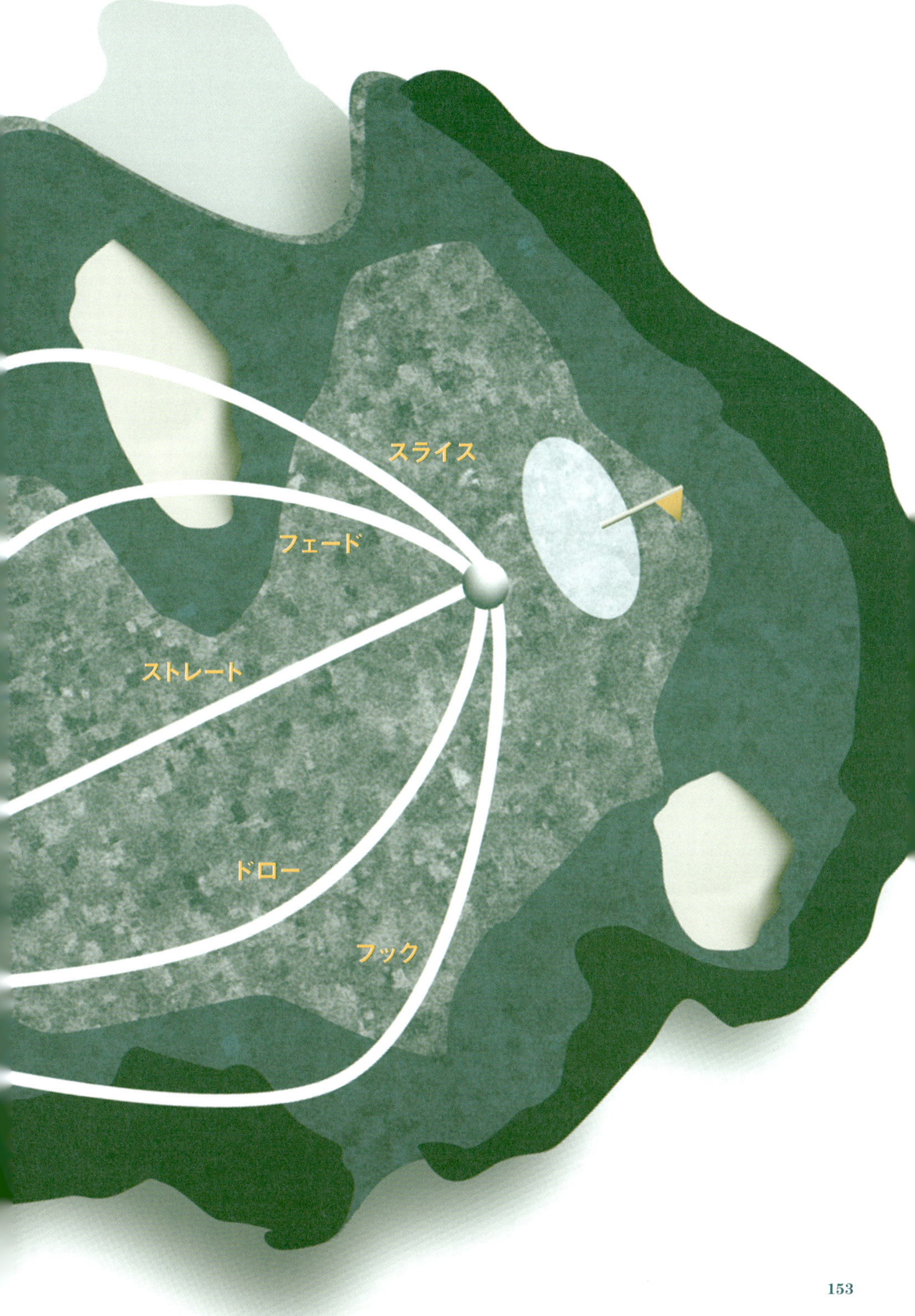
スライス
フェード
ストレート
ドロー
フック

みなさん、どんな基準でクラブを選んでいますか？〇〇プロが使っているから、流行りのクラブだから……いろいろ理由はあるでしょう。みなさんのスイングを見たわけではないので何とも言えませんが、使いやすいと思うもので結果が出ているのなら、それが合っているのだと思います。しかし結果が出ないとき私がアドバイスできるのは、「自分の実力に合ったクラブを選んだほうがいい」ということです。

たとえば、ボールが上がらない人は、キックポイントが元にあるクラブより、先にあるクラブを選んだほうがいいでしょう。キックポイントが先にあればあるほど球がつかまりやすく、上がりやすくなります。

スライスするのであれば、トルク（ねじれ）が多いほうがいいでしょう。トルク（ねじれ）が多いほど、ボールがつかまりやすくなります。もちろん、その逆でフックに悩む人は、トルクの少ないものを選べばいいのです。

シャフトの重量の問題もあります。

「自分に合ったクラブ選び」

シャフトをしならせたかったら、シャフトの柔らかいクラブを選ぶべきです。

今の自分の実力を客観的に見て、本当の自分を知れば、自分でできない部分をクラブで補うことができるのです。

さらに、ゴルフの上手い人は、ウェッジを慎重に選んでいます。上手な人のキャディバッグを見てください。ピッチングウェッジ、サンドウェッジとアプローチウェッジは違うメーカーのものが入ってることが多いです。それは、ショートゲームが大事だとわかっているからです。ウェッジの場合、ラフやバンカーで打つ機会が多く、軽いと抵抗に負けてしまうため、重いものを使います。

とくに初心者は、フルスイングの流れでサンドウェッジまでのセットをすすめられて買っていることが多いでしょう。しかし、セットで入っているサンドウェッジはフルスイングして振りやすいサンドウェッジだと思います。抵抗に負けない重さではないのです。しかも、多くの人が使っているカーボンシャフトは軽くて、値段は高いんですよ。重量の重いスチールシャフトはカーボンシャフトより安く買えます。

そんなこと知らなかった？ それは、自動車運転の初心者なのに、Ｆ１のスポーツカーに乗って「なんかうまくいかないし、走りづらいんだよね」と言っているのと同じ。バンカーが苦手で…という初心者は、より重いサンドウェッジにすることで、案外バンカーからラクに出せるようになることもあるのです。

プロは、14本のクラブのうち11本はスポンサー契約をしている人が多いです。なぜなら、残りの３本、パターとウェッジ２本はショートゲームを司る大事な武器だからです。勝負どころで使う自分の武器は、契約に縛られることなく、自分で使いたいものを選びたいからなのです。

おわりに

私はいつもこう思います。「地球は丸い」と。

自分の前方にまっすぐ進んで行くと今いる場所から遠ざかるように感じます。しかし、そのまま進み続けることさえできれば、地球は大きな球体なので、グルッと1周して元の場所に戻ってくるはずです。それと同様に「今、自分のしたことは、必ず近い将来、自分に返ってくる」という意味で、私は冒頭の言葉をとらえているのです。

だから、ゴルフのスコアもすべて自分がやってきた結果です。その結果が良ければ、自分がしてきたことが正しかったと思えばいい訳ですし、何十年も結果が出なければ、違うやり方を試してみるのも悪くはないはずです。せっかく努力しているのなら結果を出しましょう。

失敗という言葉はそれを諦めた時に使うものです。「あっ、この方法ではダメなんだ」という気付きや発見をしながら、成功するまでやり続ければ失敗などないのです。

他のスポーツは相手がいたり、ボールが動いていたり、使う道具が限られていたりと決まりが多いものです。また、体力の限界があり、相手より劣っていれば諦めたり、引退したりしなければいけないケースもあります。しかしゴルフは、引退がなく、自分にあった道具が選択できます。さらにレベルに応じてティーグランドまで選択できる上、ハンデまであるのです。また、指導者やレッスン書、練習場の数の多さも他のスポーツの比ではありません。これほど自分次第で何とでもなるスポーツはほかにないのではないでしょうか。

それでも、うまくならないとしたら、あなたは今どんな練習をしているのでしょうか？ その練習は本当に正しい方法ですか？

上達のために必要なもの、それは「人と違うこと、今までの常識とは逆のこと」をすることです。そしてその時に必要なのは「勇気」です。今からでも遅くはありません。誰にでも可能性はあります。自分次第で何とでもなります。なぜなら“ボールは止まっている”のですから。

２０１２年３月

ゴルフアカデミー EAGLE18

初心者からプロまで幅広く対応する豊富なカリキュラムが揃い、
レベルや目標に応じてレッスンが選べる。
世界初の300坪室内ゴルフ場は限りなく天然芝に近いグリーンを再現。
練習ボールもすべて統一された 試合用の本球を使用しているため、
打感、高さ、スピンなど、実践さながらの練習ができる。
レンタルクラブも、ドライバーから、ショートゲーム対応の
ウエッジやパターなど、さまざまな種類を用意している。

●監修者紹介

桑田《くわた》 泉《いずみ》

株式会社ダブルイーグル代表取締役。1969年11月25日、大阪府出身。兄は元プロ野球選手の桑田真澄氏。青山学院大学卒業後にゴルフに転向し、現在は日本プロゴルフ協会（PGA）のティーチングプロとして活躍。2007年より東京・町田市のインドア練習施設「イーグル18」を主宰。2010年、自らが提唱する「Quarter理論」によりPGAティーチングプロアワードの最優秀賞を受賞。

ゴルフアカデミーEAGLE18

〒194−0004　東京都町田市鶴間677−3
営業時間　水・木曜　10：00〜22：00
　　　　　火・金曜　18：00〜22：00
　　　　　土・日・祝　9：00〜22：00
定休日　毎週月曜日
お問い合わせレッスン予約
TEL　042−705−7018
FAX　042−705−7021
URL　http://www.kuwataizumi.com/

常識をくつがえす 桑田 泉のクォーター理論

0からやり直す本当のゴルフの教科書

2012年4月1日　初版第1刷発行

著者　桑田 泉
発行者　中川信行
発行所　株式会社マイナビ
〒100-0003　東京都千代田区一ツ橋1-1-1 パレスサイドビル
電話　048-485-2383【注文専用ダイヤル】
03-6267-4477【販売部】
03-6267-4403【編集部】
URL　http://book.mynavi.jp

編集・構成　株式会社ナイスク（http://naisg.com）
松尾里央・松田紗代子
構成・執筆協力　大津恭子
撮影　大澤真／内藤サトル
イラスト　齋藤正太
カバー・本文デザイン　北田安啓／沖増岳二

印刷・製本　中央精版印刷株式会社

※定価はカバーに記載してあります。
※乱丁・落丁本についてのお問い合わせは、
TEL：048-485-2383【注文専用ダイヤル】、または電子メール：sas@mynavi.jp までお願いします。
※本書について質問等がございましたら（株）マイナビ　出版事業本部編集第7部まで
返信切手・返信用封筒を同封のうえ、封書にてお送りください。お電話での質問は受け付けておりません。

Printed in Japan
ISBN978-4-8399-4195-6　　C0075